本书得到国家社会科学基金青年项目："跨境物流建设川青藏南亚基础设施互联互通与南亚大通道建设"（项目号16CJL040）和中央支持地方部区合建项目"'一带一路'建设与南亚国别和区域研究"的资助

U0915231

中国对外基础设施互联互通研究

——以南亚跨境物流建设为例

辛　馨　徐爱燕　杨东林◎著

经济管理出版社
ECONOMY & MANAGEMENT PUBLISHING HOUSE

图书在版编目（CIP）数据

中国对外基础设施互联互通研究：以南亚跨境物流建设为例/辛馨，徐爱燕，杨东林著．—北京：经济管理出版社，2023.6

ISBN 978-7-5096-9083-3

Ⅰ．①中… Ⅱ．①辛… ②徐… ③杨… Ⅲ．①物流管理—研究—中国、南亚 Ⅳ．①F259.221 ②F259.35

中国国家版本馆 CIP 数据核字(2023)第 115781 号

组稿编辑：张巧梅
责任编辑：张巧梅
责任印制：黄章平
责任校对：陈　颖

出版发行：经济管理出版社
（北京市海淀区北蜂窝 8 号中雅大厦 A 座 11 层　100038）
网　　址：www. E-mp. com. cn
电　　话：（010）51915602
印　　刷：唐山昊达印刷有限公司
经　　销：新华书店
开　　本：720mm×1000mm/16
印　　张：11.75
字　　数：165 千字
版　　次：2023 年 7 月第 1 版　　2023 年 7 月第 1 次印刷
书　　号：ISBN 978-7-5096-9083-3
定　　价：98.00 元

序一

中国自改革开放以来经历了长期的高速增长，创造了世界经济的“增长奇迹”，积累了大量的物质财富，其中以出口为导向的发展模式功不可没。新一轮科技与产业革命加速推进，对于许多国家而言，既是机遇也是挑战，各国经济面临的不确定因素增加。中国产业链供应链的安全和地位一定程度上受到了挑战，不得不更加重视内需对稳定经济增长的作用。在此背景下，深入推进新时期的西部大开发，使得西部和整个中国形成新的发展格局，无疑是具有战略意义的举措。

过去一些年，我国在高铁、路桥、高速公路等基础设施建设领域投资规模巨大，积累了具有一定优势的产能、技术和经验，如高铁等一些关键领域的技术已经具备了较强的国际竞争力。当前“一带一路”沿线国家的工业化程度、城市化建设进程并不均衡，与之相关的基础设施，如交通类、通信类、能源类等建设投资的需求量很大，从一般意义上看，具有广阔的投资前景和巨大的发展潜力。中国与广大发展中国家持续保持良好的外交与合作关系，借助“一带一路”倡议，与沿线国家共同构建政治互信、文化交融、物流联通的区域性甚至是全球性的合作组织，以此促进全球经济的共同繁荣与发展，从长期和战略的角度考虑无疑是必要的。本书基于西部区域一体化视角研究中国与南亚国家的互联互通、对外开放与经贸合作，构建了一个相对完整的中国与南亚国家在基础设施互联互通的理论体系，在一定程度上补充了关于南亚大通道建设中加强基础设施互联互通以及建设综合评价体系的研究，提出了构建中尼以及中印尼自贸区的建设步骤和实施方略，如果付诸实施将在一定程度上推动边境区域经济社会长期稳定发展以及提高边境群众福祉。

一个国家的内外战略是否科学务实，对于国家的长期稳定发展至关重要。国际关系处理和国家对外战略的基本原则必须是：国家利益至上、以实力为基础、知己知彼和互利共赢。

2023 年 3 月

序二

君子以文会友，以友辅仁。

2020 年夏天，我因参加第二次青藏高原综合科学考察研究项目，远赴西藏调研当地基础设施建设与面向南亚的开放情况。为了更好地了解西藏，不打无准备之仗，进藏之前我花费大量时间进行了资料收集和文献查阅，发现西藏大学诸多专家和学者在此领域的研究都颇有建树，经济与管理学院的辛馨教授就是其中的一位。她对西藏区域协同发展以及南亚大通道建设方面都有较深入的研究，这恰与我目前的研究方向不谋而合。

志合者，不以山海为远！我和辛馨教授一见如故，我们就西藏基础设施建设、西藏面向南亚建设的战略沟通等问题进行了座谈，对西藏特色产业发展、西藏中小企业发展等问题展开热烈讨论，并相约一起调研、一起合作研究。通过与辛馨教授的沟通交流，我对西藏经济发展有了更深入的了解，为我理解西藏、研究西藏提供了很大帮助。我们就此建立起了深厚的友谊。

近期，辛馨教授的新作《中国对外基础设施互联互通研究》一书即将出版，嘱我作序，我欣然同意。近年来，国内外区域发展研究领域高度重视基础设施互联互通对区域发展的引导性作用，因此出现了“基础设施转向”。现有研究或从地缘政治、地缘经济的角度分析跨国基础设施互联互通的地缘竞争与地缘合作问题；或从空间政治经济学角度探讨基础设施重大项目对空间不均衡发展的影响；或运用全球生产网络探讨了基础设施互联互通对区域发展的影响，但有关既服务于国家重大战略需求，又扎根于本地的精细研究还比较缺乏。

辛馨教授的新作立足新时代新要求，在精准把握国内外前沿理论的基础上，通过大量实地调研考察和理论研究，科学分析了我国南亚跨境物流建设现状和发展潜力，并提出相关建设规划方案和政策建议。该书既有助于我们从理论上理解基础设施引导区域发展机制，也为科学规划我国南亚大通道提供了科学支撑，是一本难得的“既顶天，又立地”的著作。

刘志高

中国科学院地理科学与资源研究所

2023 年 4 月 6 日

前　言

2023年是习近平总书记提出“一带一路”倡议十周年。习近平总书记在中共中央政治局第二次集体学习时强调，要全面推进城乡、区域协调发展，提高国内大循环的覆盖面。进一步深化改革开放，增强国内外大循环的动力和活力。当前，我国正加快构建高效便捷的现代流通体系，全面把握基础设施建设与畅通经济循环、提高发展质量、增进民生福祉的关系，畅通国内大循环的同时，更好联通国内市场和国际市场，为构建新发展格局提供有力支撑。但当前我国国内国际双循环仍然存在一些问题和挑战，比如国内存在的市场分割、地方保护主义等问题都成为制约我国新发展格局下实现国内大循环的重要堵点。与此同时，中国区域经济发展也面临着不均衡和不协调的问题，主要表现为东西差距仍然较大。这既难以适应新时代实施区域协调发展和共同富裕的战略需要，也阻碍了各地区之间人流、物流和资金流的交换，致使国内循环效率相对低下。如何保障西部地区经济持续增长，缩小东西部差距并促进区域协调发展、畅通国民经济双循环，已经成为学界公认的难题之一。党中央一直关注西部省份间的经济协同发展，致力于解决区域发展不平衡等重点难题，以实现共同富裕。西部地区作为中国潜力最大的内需市场，要素资源丰富，成本比较优势明显，尤其是青藏高原地区。因此，激活并促进西部地区的难点、焦点和关键点——青藏高原地区发展，对缩小东西部地区发展差距、推进全国高质量发展、实现国内国际经济双循环畅通具有重要意义。

从空间格局的视角来看，西部已形成以成都—重庆、西安—银川、西宁—兰州等为支撑的核心城市群，西北地区城市集聚程度整体低于西南地区，南、北区际互动合作相对割裂，空间上天然缺失了合作环形链——联结西北与西南的西南中部合作环、西部省域（川青藏）次区域合作区域。因此，西部省份次区域合作是形成西部新格局迫切需要的新突破口。

从空间经济学的视角来看，西藏处于中国与南亚经贸往来运输周转的重要物流节点，可源源不断地从中国内陆吸引人力资本与物质资本经西藏流向南亚国家，在空间上可自然形成一个综合运输网络的极值点。而西藏目前的经济发展尚不具备充足的实力来满足优势区位的发展要求，必然会导致各种无法满足的需求转移到区外，北向青海，南向四川。近年来，由于大量的人才和资源向四川会集，四川已成为西南地区的新经济增长极，只有充分结合四川的经济优势与西藏的地理优势，逐步形成“中心—外围”结构，才能利用扩散效应带动西南区域经济一体化均衡发展，推动四川、青海与西藏建设成为中国面向南亚对外贸易、经济和文化交流的枢纽以及一线阵地。

基于此，本书在大量实地调查和前期研究的基础上，通过对四川、青海与西藏面向南亚的跨境物流现状、需求及未来潜力进行分析，提出中国面向南亚跨境物流系统的规划方案，构建评价指标体系并进行综合评价，就中国面向南亚加快基础设施互联互通发展提出相关的政策建议。

目　录

第1章　概述

1.1　基础设施互联互通是全面发展的基石

当前世界经济格局正在发生重大变化，新兴经济体及发展中国家逐步成为推动全球经济持续发展的中坚力量，全球价值链、供应链及与之对应的物流体系和基础设施网络的布局亦随之迅速调整。国际贸易的运输方式逐步从以单一的海洋运输为主，转为多种运输方式的有机结合，基础设施互联互通成为助力各国协同发展的重要物质基础。因此在全球区域范围内形成一个高效通畅的基础设施互联互通网络，满足经济复苏和增长的需要已成为必然趋势。

近年来，中国不断加强参与沿线国家包括交通、电信、能源在内的基础设施建设的力度，实现区域基础设施互联互通。在各方的共同努力下，“六廊六路多国多港”的互联互通架构已基本形成，一大批互利共赢项目成功落地。以中巴、中蒙俄、新亚欧大陆桥等经济走廊为引领，以陆海空通道和信息高速路为骨架，以铁路、港口、管网等重大工程为依托，一个复合型的基础设施网络正在形成①。根据商务部2020年公布的《中国对外承包工程报告2019 2020》，以2019年底为统计时点，中国对外承包工程新签合同总份数11932份，新签合同额2602.5亿美元，完成营业额1729亿美元。截至2019年底，对外承包工程业务累计完成营业额1.76万亿美元，新签合同额2.58万亿美元。高质量基础设施建设有利于各国发挥资源禀赋的优势，将各种产品及服务输送到全球各地市场，促进当地融入全球产业链、供应链和价值链，实现互动发展；促进全球经济复苏，实现互利共赢。由此可见，互联互通的基础设施已经不再是单纯的工程概念，而是向现代经济体系运行输送养分的"血管"网络。互联互通所带来的经济增长效应、区域协调效应以及产业关联效应等，均体现了经济高质量发展的必然要求。

从国内区域经济发展来看，基础设施互联互通是构建国内国际双循环、促进新发展格局的战略基点。基础设施互联互通可以降低运输成本，提高区域可达性，促进区域间相互开放与合作，商品市场和要素市场的一体化发展促使资源更加合理有效地配置。而国内市场一体化发展要求形成强大且统一的国内市场，建设统一开放、竞争有序的市场体系，消除地方市场分割，让商品和人才、资金、技术、旅游等要素在区域内无障碍化流动，使资源要素实现有效配置。

为建设全国统一大市场，构建新发展格局，各省份也积极加入到基础设施互联互通的建设当中来，已逐步形成以长三角、粤港澳、京津冀和成渝城市群为载体的区域循环，有利于推进统一大市场的形成②。在长三角区域，江苏省加紧建设北沿江高铁、通苏嘉甬高铁等，联合沪浙皖11个省市成立了长三角自贸试验区联盟。芜湖马鞍山加快建设江海联运枢纽，皖苏两省联合开展新建船舶和运营船舶检验，推动长三角海事一体化融合发展。在珠三角区域，广东全力推进粤港

① 资料来源：国家统计局。

② 新华社．全国统一大市场怎么建？——专访南京大学长江产业经济研究院院长刘志彪［EB/OL］．https：//baijiahao. baidu. com/s？id=1730958607162558562&wfr=spider&for=pc［2022-4-24］．

澳大湾区建设，构建综合交通运输体系，优化提升信息基础设施，建设能源安全保障体系，强化大湾区交通运输体系的安全保障。在成渝城市群区域，成渝地区双城经济圈不断加快完善传统和新型基础设施，提升互联互通水平。西安、咸阳在区域发展中加快西安—咸阳一体化进程，不断提升陕西对西北区域发展的带动能力。在“一带一路”倡议下，中国不同区域的一体化正积极发挥作用，在参与全球基础设施互联互通、能源供给以及地区融合等方面持续受益。

然而，在中国对外基础设施互联互通的发展进程中，相较于其他区域，中国与南亚国家间的基础设施互联互通建设进程缓慢。中孟印缅经济走廊进展程度不高，中巴经济走廊建设亦因特殊因素存在诸多风险。中国同南亚的印度、尼泊尔和不丹三国间的边境贸易发展极不均衡，其发展总体规模与其地理优势等资源禀赋亦不匹配。中国与其他南亚国家的经济合作基本属于援助型，原因在于尼泊尔、巴基斯坦等国的国内基础设施落后。因此，推进中国与“一带一路”沿线（特别是南亚）国家在基础设施方面的互联互通以及进一步扩展南亚地区国际经济合作，对于加强中国中西部地区对外开放以及国际大通道建设具有重要意义。

从西部省市参与南亚对外开放的情况来看，面向南亚对外开放的前沿之地——青藏高原地区跨境运输通道设施建设落后、运输能力不足，跨境物流平台与网络还没有全面建成，运输方式结构不合理、功能定位不明确，因此无法全面满足国际贸易的物流需求。更重要的是，除印度之外，中国与其他南亚国家的经济合作基本属于援助型。因此，加快中国对外基础设施的互联互通，特别是建设中国面向南亚跨境物流系统，拓展中国与南亚国家的国际经济技术合作，无疑会带动整个西部地区的跨越式发展，推动中国西部地区与南亚内陆经济的飞速发展，实现互利共赢。

1.2　基础设施互联互通的内涵界定

1.2.1　基础设施互联互通

世界银行（1994）在世界发展报告《为发展提供基础设施》中将基础设施定义为能够为居民生活和社会生产提供公共服务的物质工程设施，并将其分为经济性和社会性两类。其中，经济性基础设施是指能够直接参与生产过程的物质资本，包括交通运输、邮电通信及能源供给等；社会性基础设施能够潜移默化地推动经济发展，主要包括教育、文化、卫生、科技、环境等要素。为了便于本书研究中的定量分析，同时考虑到数据的可得性，本书主要探讨交通、邮电通信（或称通信）和能源三类经济性基础设施。

基础设施互联互通的关键在于基础设施建设和跨境互联互通，具体形式体现在跨省基础设施的建设和联通上（盛斌和果婷，2017）。亚洲基础设施投资银行（以下简称亚投行）作为亚洲第一个提倡基础设施发展的新型开发银行，一直致力于推进发展中国家的基础设施建设与互联互通。

基础设施对经济社会发展具有基础性、全局性以及先导性作用。特别是完善的交通基础设施能够帮助当地把各种产品输送到全球各地市场，促进当地经济发展。2016 年 9 月 3 日发布的《2016 年 B20 政策建议报告》指出，“基础设施互联互通”计划是中国在推动全球基础设施联动方面的努力，“基础设施互联互通”对于全球贸易和经济增长至关重要，积极扩大基础设施投资，是兼顾经济短期和长期发展的突破点之一。要着力推动基础设施互联互通（包括高速公路、大桥、高铁、港口、电厂、通信设施等）建设，带动经济发展。

基于此，本书认为“基础设施互联互通”旨在建设和进一步完善“一带一路”沿线国家间的公路、铁路（高铁）、海运、电力、通信、能源等基础设施，实现区域间技术标准体系的对接，进一步激励中国企业“走出去”，借助境外相关基础设施建设来构建互联互通的海陆运输网络，在空间上加强中国和“一带一路”沿线国家与地区的关联度。以交通、能源基建为切入点，推进中外在跨境电力输送通道升级改造中的相关合作。

1.2.2 跨境物流

20世纪60年代，西方发达国家的运输经济学领域专家通过归纳总结西方发达国家的交通运输发展实践经验，系统地研究运输运作的合理性，提出以多式联运为基础，建设不同层次、功能各异的运输通道，完善了国家在交通运输发展中的实践环节，运输通道理论诞生。该理论一经提出就受到世界各国的高度重视，大量学者对此展开了研究。

1963年，经济地理学家塔费（Taafe）、莫瑞尔（Morrill）、古德（Gould）提出规划交通线与区域发展模型，论证了扩展交通运输线路对区域开发的作用。Habib Haj-Salem（1995）认为建设和运作交通运输通道在一定程度上有利于降低物流运输成本以及提高工作效率，能节省物流运输时间、提高交通便捷度、增强沿线竞争力以及促进区域的经济发展。Hugo Priemus 等（2003）提出大型运输通道的建设对改善基础设施建设状况和沟通偏远地区，加强城市之间的联系、交流与合作等具有重要作用。学者大多侧重于研究都市区的形成、演进以及区间合作是如何受到运输通道影响的，但未从边境贸易的角度来阐述构建跨境运输通道对边境地区的影响，特别是未对跨境交通与边境地区的产业布局、产业转移以及城市发展之间的相互作用方面做深入研究。

跨境物流，也被称为国际物流（International Logistics），是指依照国际惯例和国际分工协作原则，利用国际间的物流基础设施、物流网络、电子商务和相关技术等，适时、保质保量地将货物以最低成本和最小的风险从某国的供货方运给另一国的需求方。跨境物流通过不同的交通运输方式使货物在国际间实现远距离运输和流通，在运输过程中还需经历港口间的清关、检疫与转运等一系列管理与工作，进而实现国际贸易的运转。

因此，本书认为跨境物流系统是指“为了有效达到跨境物流目的的一种机制”，是将在供应链管理活动（即买方下订单，卖方交付单证、货物和收取货款，买方接受单证、支付货款和收取货物）中的各种物流功能，包括国际间仓储、运输、包装、流通加工、配送等跨境物流环节相互融合，其追求的目标为“以最低的成本提供优质的跨境物流服务”。

1.3 研究目的与意义

1.3.1 研究目的

第一，持续推进中国对外基础设施互联互通。互联互通既包括加强交通、通信和能源等基础设施的硬件建设，也包括以技术、信息、标准等为基础的软件建设，还包括便利各国物资和人员跨境往来与交流的制度建设。基础设施是互联互通的基石，通过基础设施工程投资建设，构建一个由铁路、公路、航空、航海等组成的综合性立体互联互通网络，改变制约“一带一路”沿线国家深化合作的薄弱环节。

第二，合理构建与规划中国面向南亚跨境物流体系。物流业是国民经济发展的动脉和基础产业，中国面向南亚建设跨境物流系统就是要构建协调统一的跨境物流运输机制，推动实现货物包装、境内外通关、多式联运等的有机连接，推动口岸基础设施建设，建立跨境电子商务系统和信息处理系统，实现跨境物流信息化合作，为中国和南亚国家的跨境物流客户提供便利，促进人员往来和交流。跨境物流系统可为双边企业改善和提升物流服务水平、降低物流成本，全方位实现中国与南亚的基础设施互联互通。

第三，规划中国面向南亚跨境物流体系，推动西部区域经济一体化。构建适应区域经济发展要求的跨境物流体系能够加快区域经济实现一体化，提升对外开放水平，增强链接全球市场和辐射国内市场的能力，实现经济高质量发展。更重要的是，能够为改善西部省份的产业布局、促进国际国内区域协调、加强企业的主体培育和人才培养、提升政府管理与服务等提供参考和借鉴。

1.3.2 研究意义

从理论意义来看：

第一，完善我国对外基础设施互联互通的相关研究理论。自“一带一路”倡议实施以来，基础设施“硬联通”成为“一带一路”的重要方向，一系列包括交通、通信和能源等在内的基础设施跨国项目投资落地，取得丰硕成果。相较于发达国家关于对外基础设施建设的研究，中国的相关研究成果较少，特别是对代表性区域与国家的基础设施互联互通建设的研究还存在较大的补充空间。因而本书以南亚国家作为研究对象，采取实证分析和案例分析方法，研究中国对外基础设施互联互通建设，进一步完善与补充现有理论体系。

第二，完善我国面向南亚构建跨境物流系统的研究理论。由于中国与南亚国家具有不同的文化、习俗、语言、法律、技术、标准等，中国面向南亚构建跨境物流系统具有难以想象的复杂性和困难性。因此，如何克服国家间时间、空间以及国界阻隔，促进中国与南亚基础设施实现互联互通，是本书所要探讨的问题，也是本书的理论研究价值所在。

第三，丰富学术界关于区域一体化参与南亚国家间基础设施建设合作、跨境物流以及相关产业链等的研究成果。前期研究通过对比西部省份的区位优势、战略规划、经贸实践等发现，各省份在融入“一带一路”面向南亚开放上有趋同点，但优势和劣势差异也很明显：如西藏经济实力较为薄弱，其对南亚市场开放的难度较大。因此，本书通过构建跨境物流系统对西部省份进行战略重组和资源整合，避免各自为战从而造成重复性建设和资源浪费，发挥西部省份融入“一带一路”面向南亚开放中的整体优势。

从现实意义来看：

第一，中国面向南亚构建国内外双向流动的区域性国际物流枢纽，重点建设南亚大陆桥，四川、青海、西藏成为中线通道，依据其地域相对优势进行跨区域系统设计，对西部省份资源开发、产业结构调整和生产力布局的优化都有积极意义。

第二，本书选题源于作者长期从事该领域的相关研究工作，跨境物流系统相对于其他物流系统更具有复杂性，但在其运作和发展中又存在特有的规律和特征。因此，系统、科学地探讨这些规律和特征，能够为西部省份的企业、相关管理部门以及政策决策层提供直观、行之有效的设计方案和建议。

1.4　研究内容与框架

1.4.1　研究内容

本书从贸易往来和经济增长的基本理论出发，以中国对外基础设施互联互通为研究对象，联系中国对外基础设施投资实际，研究其建设规模、互联互通方向与结构，并分析其存在的问题。在对中国对外基础设施互联互通建设现状进行分析的基础上，进一步分析中国面向南亚建设跨境物流体系的发展机理，对其物流服务进行综合评价，并提出相关建设的政策建议。

当前南亚各国在交通、能源、通信基础设施等方面发展缓慢，并且差异巨大。同时，中国与南亚各国在海关、商检、支付方式和外汇制度等相关法律、政策方面都存在较大差异。因此，推动建设高效、快捷、便利的跨境物流一体化体系是中国与南亚各国实现良好经贸往来的基础。

因此，本书以构建中国面向南亚跨境物流系统为主要研究内容，具体包括：①南亚大陆桥运输子系统设计，其中的关键是运输线路设计，包括较短运输里程和成本计算、公路铁路以及航空列车航线的网络设计、集装箱运用等。②跨境物流节点子系统设计，根据西部不同省、市的不同层次，中国与南亚的不同规模和资源优势，重点设计跨境物流基地、综合物流中心以及跨境配送中心三个层次的物流节点和基础设施。③跨境物流运作子系统设计，关键点包括：涉及各国保税制度和保税仓库建设等的仓储子系统，涉及跨境商品检验、包装以及流通的加工子系统等。④跨境物流信息子系统，即建立完善的跨境电子商务网络和技术先进的跨境物流信息处理系统，主要包括进出口单证的作业过程、支付方式信息、客户资料信息、市场行情信息和供求信息等。⑤统筹考虑各子系统之间的有机联系并全面规划，各子系统之间必须相互配合与合作，只有这样才能真正地通过优化跨境物流系统来推进中国与南亚国家间的基础设施互联互通和跨境物流体系建设。

1.4.2 总体框架

本书在运筹学、物流经济学和国际贸易理论研究的基础上，对当前中国对外基础设施互联互通的建设现状进行梳理；研究优化跨境物流系统对推进中国面向南亚基础设施互联互通的重要性和必要性；分析面向南亚开放的跨境物流系统所面临的内外部环境，找出影响其系统设计的主要因素；在这些基础上，进一步科学、合理地设计中国面向南亚的跨境物流体系，并设立相关评价指标体系对该跨境物流系统进行实证评价；对中国面向南亚建设跨境物流系统提出政策建议。具体的研究框架定义为：

第一部分为第 1 章，介绍研究背景与研究意义，界定基础设施互联互通以及跨境物流等关键词的内涵，阐明研究内容、研究方法、框架与创新点等。

第二部分为第 2 章和第 3 章，分析中国对外基础设施互联互通与大通道建设的现状。第 2 章从跨境物流建设的角度来梳理当前中国对外基础设施互联互通的发展现状与存在的问题，进而分析中国对外基础设施互联互通建设的机遇与挑战。第 3 章通过阐述中国对外基础设施建设的现实条件和作用机理，并依据中国与南亚国家间交通基础设施、能源基础设施以及通信基础设施的数据，对其贸易竞争力的贡献力影响进行研究。结果表明，通过物流、能源、通信等基础设施互联互通的建设，区域经济趋同能够显著促进双边国家的贸易竞争力。

第三部分为第 4 至第 6 章，是对中国对外基础设施互联互通与跨境物流建设的深度研究。第 4 章在相关理论基础上，结合南亚基础设施互联互通建设情况，认为运输路线、物流园区和业务操作等基础设施建设和完善，物流体系管理方式、发展战略等共同形成南亚跨境物流的构成要素。第 5 章设计了南亚跨境交通运输子系统、跨境物流节点子系统、跨境物流流程子系统与跨境物流信息子系统，包括各子系统的选点、模式的选择、功能的优化等。第 6 章对南亚跨境物流系统的服务效力进行评价：一是阐明设计跨境物流系统综合评价的必要性；二是结合调研数据，对南亚跨境物流系统的服务效力进行综合评价。

第四部分为第 7 章，是对中国对外基础设施互联互通建设的政策建议。

1.5 研究方法与创新

1.5.1 研究方法

本书将理论与实践相结合，综合运用运筹学、现代物流学、物流经济学和国际贸易等多学科理论，与中国对南亚建设跨境物流的实践运作紧密结合。理论联系实际是本书的指导思想和基本方法。具体研究方法为：

（1）定性分析与定量分析相结合。在研究规划中国对南亚建设跨境物流体系的过程中，定性分析主要用来查找跨境物流系统的本质，细致分析运行方式与要素之间联系的内在因素，进而找出跨境物流系统规划的客观规律。定性分析是为了更好地提高中国与南亚的基础设施互联互通程度以及跨境物流体系建设实际运作效率。通过计量经济学、统计学、模糊评价法等定量分析方法，结合实际选取评价指标体系，在此基础上对中国面向南亚跨境物流系统设计的综合评价进行实证分析，这有利于在质和量两个不同方面加深对中国面向南亚跨境物流系统规划的客观规律的认识。

（2）系统研究方法。跨境大陆桥物流通道本质上就是现代综合物流系统的一种典型形式，本书提出规划中国面向南亚跨境物流系统，旨在对中国西部地区进行战略重组和资源整合，避免各自为战，造成重复性建设和资源浪费，发挥西部省份在融入“一带一路”面向南亚开放中的整体优势。另外，跨境物流系统包含着交通运输系统、国际贸易系统、国际结算系统、信息网络系统等，各子系统间相互联系、相互影响和相互制约。同时，省内外、国内外都会在跨境物流体系建设与互联互通中不断产生资金、信息、客流、物流的交换，所以也需要研究存在于系统内部与外部环境二者之间的双向影响与作用。

（3）规范分析和实证分析相结合。经济研究方法一般分为规范分析和实证分析。本书针对中国面向南亚建设跨境物流体系，通过以上两种方法分别对其运作机理和系统规划进行了研究，同时从微观层面通过实证分析的方法对中国面向南亚跨境物流体系规划进行了综合评价，从而提出未来中国面向南亚跨境物流体系建设的可改进方案。通过采用规范分析与实证分析相结合的方法，使中国面向南亚建设跨境物流体系的设计更具科学性。

1.5.2 创新之处

本书主要的特色和创新之处有以下三点：

（1）从学术理论上来说，本书提出了南亚大陆桥物流通道的运作流程机理。从跨境物流角度对南亚大陆桥通道进行了概念界定，即南亚大陆桥通道是集公路、铁路以及航空等多渠道，以公铁航多式联运为主要运输组织方式的综合跨境物流通道系统。在此基础上研究中国面向南亚跨境物流的流程和功能定位。在分析南亚跨境物流系统与南亚大通道各主体间相互关系的基础上，本书提出了南亚大陆桥通道的定位和跨境物流路径选择方案。本书将为今后中国西部地区面向南亚对外开放的具体运作提供一种分析思路。

（2）从学术观点上来说，本书提出把西部省份作为一个整体与南亚国家展开次区域经贸等各项合作，构建跨境物流系统，推进基础设施互联互通和南亚大通道建设。该观点为研究融入“一带一路”面向南亚开放发展提供了一个新的角度，适合用于进行西藏和青海等中西部地区的经济发展和对外开放问题的研究。从本质上来说，南亚大陆桥物流通道就是现代综合物流系统的一种典型形式，而本书之所以特别要提出规划川青藏跨境物流系统，就是因为从前期的研究中发现，通过比较川青藏地区的区位优势、战略规划、经贸实践等发现，三省区在融入“一带一路”面向南亚开放上有趋同点，但优势和劣势差异也很明显：

西藏经济实力较为薄弱，青海次之，如果只借助一个省区的各项资源力量，而无大后方在经济上的支持，那么扩大对南亚地区国际市场的开放将会面临相当大的难度。

（3）从研究方法上来说，本书构建了南亚跨境物流系统（即南亚大陆桥通道物流服务）的综合评价指标体系，这是在以往的研究中还未有过的尝试。本书构建了南亚跨境物流系统综合评价指标体系，并对其进行了梳理、归纳和界定。以“数据包络分析的模糊综合评价方法”为基础对其进行实证研究，旨在为未来深化推进中国面向南亚跨境物流系统构建和南亚大通道建设提出可改进的方案。

第 2 章　基础设施互联互通发展现状分析

当前，继续推进“一带一路”沿线国家和地区基础设施互联互通，仍是“一带一路”建设中需要优先考虑的问题。近年来，随着“一带一路”建设从无到有、由点及面，基础设施互联互通已经成为“一带一路”建设的优先领域，其进展事关“一带一路”建设全局。基础设施互联互通有利于增强“一带一路”沿线国家和地区之间的要素流动和配置利用。基础设施建设具有“乘数效应”，即能创造相当于数倍投资额的社会总需求和国民收入，一个国家或地区的基础设施的完善程度，在一定程度上是影响该国家或地区经济长期持续稳定发展的重要基础。本章将全面总结中国对外基础设施互联互通建设现状，重点梳理中国面向南亚基础设施互联互通发展以及跨境物流系统建设的相关情况，旨在对南亚跨境物流系统的设计和规划进行进一步的理论梳理。

2.1　中国对外基础设施互联互通建设现状

从商务部等公布的官方数据来看，其对中国对外基础设施互联互通情况从总量、结构、企业以及不同区域的角度都有白描式的说明。而本书将从“六廊六路多国多港”的角度，分类概括各走廊、通道的基础设施互联互通发展现状，以便能够更好地鸟瞰中国对外基础设施建设的区域特色。

2.1.1　“六廊”区域基础设施投资总体情况

本书将“一带一路”沿线国家划分为六大经济走廊区域①，分别为中国—中南半岛经济走廊，含10国；中国—中亚—西亚经济走廊，含21国；新亚欧大陆桥经济走廊，含22国；孟中印缅经济走廊，含3国；中巴经济走廊，含巴基斯坦；中俄蒙经济走廊，含俄罗斯与蒙古国。

自2013年“一带一路”倡议提出以来，中国对沿线国家基础设施的投资总量呈现稳步上升的趋势，根据国家统计局和商务部的中国对外直接投资数据，基础设施投资主要集中在交通、能源以及通信领域。2020年中国对“一带一路”沿线国家的承包工程合同达7000余份，合同承包金额达1365.7亿美元。通过选取中国全球投资追踪数据库中涉及“六廊”区域国家基础设施投资的数据进行

① 中国—中南半岛经济走廊：文莱、缅甸、柬埔寨、印度尼西亚、老挝、马来西亚、菲律宾、新加坡、泰国、越南。中国—中亚—西亚经济走廊：阿富汗、巴林、伊朗、伊拉克、以色列、约旦、科威特、黎巴嫩、阿曼、卡塔尔、沙特阿拉伯、叙利亚、土耳其、阿联酋、也门、哈萨克斯坦、吉尔吉斯斯坦、塔吉克斯坦、土库曼斯坦、乌兹别克斯坦、埃及。新亚欧大陆桥经济走廊：哈萨克斯坦、阿尔巴尼亚、保加利亚、匈牙利、马其顿、波兰、罗马尼亚、塞尔维亚、爱沙尼亚、拉脱维亚、立陶宛、格鲁吉亚、亚美尼亚、阿塞拜疆、白俄罗斯、俄罗斯、乌克兰、斯洛文尼亚、克罗地亚、捷克、斯洛伐克、波黑。孟中印缅经济走廊：孟加拉国、缅甸、印度。中巴经济走廊：巴基斯坦。中俄蒙经济走廊：俄罗斯、蒙古国。

分析发现（见表2-1），2019年中国对“六廊”区域的基础设施总投资达584亿美元，与2013年相比增长45.5%；2013~2019年中国对“六廊”区域基础设施投资累计达3487.4亿美元。分地区来看，就基础设施投资额绝对数量而言，2019年“六廊”区域中基础设施投资最多的区域为中国—中南半岛经济走廊，基础设施投资为208.9亿美元，在“六廊”区域基础设施投资总额中占35%。其次是中国—中亚—西亚经济走廊，投资额为132.6亿美元，占比为22.7%。排名最后的是孟中印缅经济走廊，投资额为36亿美元。就基础设施投资增速而言，“六廊”各区域基础设施投资均表现为波动性上升趋势。具体而言，波动幅度较大的有中国—中南半岛经济走廊以及新亚欧大陆桥经济走廊，中国—中南经济半岛走廊基础设施投资占比在2013~2015年呈显著上升趋势，2015~2017年又有所下降，2018~2019年再次上升，但其基础设施投资占比始终保持前列，新亚欧大陆桥经济走廊基础设施投资水平的变动与之相似。投资趋势较为稳定的有孟中印缅经济走廊和中俄蒙经济走廊，变化趋势始终表现为低位震荡，上升趋势相比其他区域要低。

表2-1　中国对“一带一路”沿线国家基础设施投资总体情况

年份	基础设施投资总额（亿美元）	同比增长率（%）
2013	371.40	0.80
2014	449.90	0.21
2015	553.00	0.23
2016	539.80	-0.02
2017	455.70	-0.16
2018	577.20	0.27
2019	540.40	-0.06

资料来源：中国全球投资追踪数据库。

中国对“六廊”的基础设施投资根据具体工程项目的不同分为交通基础设

施、能源基础设施以及通信基础设施三类。由图 2-1 可知，能源基础设施投资与交通基础设施投资是“六廊”区域基础设施的主要内容。2019 年，“六廊”区域交通基础设施、能源基础设施以及通信基础设施的投资额分别为 219.4 亿美元、305.9 亿美元以及 15.1 亿美元，投资占比分别为 41%、57%以及 3%。

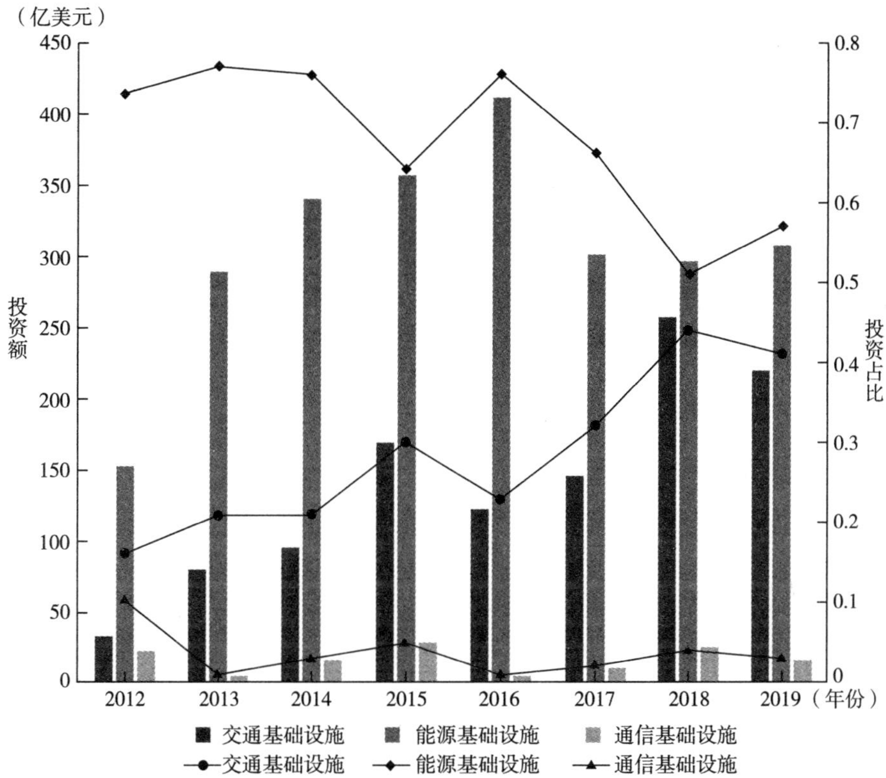

图 2-1　“六廊”基础设施投资总体情况

在交通基础设施投资领域，2019 年中国对“六廊”区域国家交通基础设施的投资流量为 219.4 亿美元，占基础设施投资总流量的 41%。2013~2019 年中国对“六廊”区域的交通基础设施投资流量有升有降，但总体保持增长趋势。2018 年基础设施投资流量达近 7 年高峰，为 256.1 亿美元。从具体行业来看，交通基础设施投资主要集中在公路、铁路、航空以及海运等行业。

在能源基础设施领域，2019 年中国对“六廊”区域国家能源基础设施投资的流量为 305. 9 亿美元，占当年基础设施投资总流量的 57%，与交通基础设施相比，能源基础设施投资占比在 2013~2019 年呈现逐渐下降的趋势，但绝对水平依旧位列第一。2016 年能源基础设施投资达到近 7 年高峰，为 411. 6 亿美元，在基础设施投资中占比达 76%。在具体行业分布上，能源基础设施投资主要集中在煤炭、电力、石油、天然气以及新能源等领域。

在通信基础设施领域，2019 年中国对“六廊”区域国家通信基础设施投资的流量为 15. 1 亿美元，仅占当年基础设施投资总流量的 3%，通信基础设施投资在时间上并无明显的升降趋势，近 7 年的投资流量高峰集中于 2015 年与 2018 年，其中，2015 年的通信基础设施投资流量为 28. 4 亿美元，为历年最高，但在当年基础设施投资总量中占比仍较低，仅为 5%。

2. 1. 1. 1　交通基础设施投资总体情况

图 2-2 为中国对“六廊”区域交通基础设施投资的总体情况。由图可知，2013~2019 年“六廊”区域交通基础设施投资区域间差异较为显著，若以 2013~2019 年交通基础设施投资的积累量进行排名，“六廊”区域排名依次为：中国—中南半岛经济走廊、中国—中亚—西亚经济走廊、新亚欧大陆桥经济走廊、中巴经济走廊、孟中印缅经济走廊、中俄蒙经济走廊。

2013~2019 年中国—中南半岛经济走廊交通基础设施投资总量为 440. 5 亿美元。其中，公路基础设施投资为 174. 6 亿美元，铁路基础设施投资为 201 亿美元，航空基础设施投资为 9 亿美元，海运基础设施投资为 55. 9 亿美元，可见中国—中南半岛经济走廊交通基础设施互联互通建设主要集中在公路和铁路等领域，这是因为中国—中南半岛经济走廊区域国家航空和海运交通基础设施已较为完善。据世界银行数据，中国—中南半岛经济走廊的航空运输量达到每千米 130

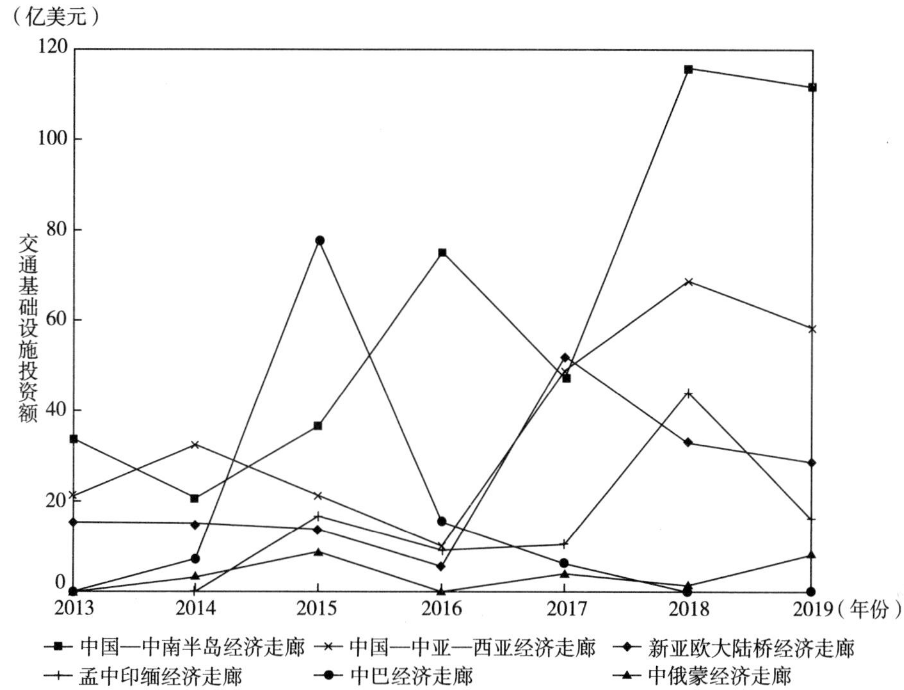

图 2-2　“六廊”交通基础设施投资总体情况

亿吨，而货柜码头吞吐量（TEU：20 英尺当量）也达到 1.1 亿元左右，在“六廊”区域位居前列。故而中国若要充分利用中国—中南半岛经济走廊区域的航空和海运资源，则必须大力推进交通基础设施的互联互通，其中，公路与铁路基础设施互联互通至关重要。中国—中亚—西亚经济走廊 2013～2019 年交通基础设施投资总量为 261.5 亿美元，其中，公路基础设施投资为 80.3 亿美元，铁路基础设施投资为 113.3 亿美元，航空基础设施投资为 15.5 亿美元，海运基础设施投资为 52.4 亿美元，中国—中亚—西亚经济走廊交通基础设施互联互通的投资主要集中在哈萨克斯坦、埃及、沙特阿拉伯以及伊朗等能源丰富或地理位置优越的国家，对哈萨克斯坦、埃及以及伊朗的铁路基础设施投资峰值达到 38.1 亿美元、18.4 亿美元以及 47.7 亿美元，对沙特阿拉伯的海运基础设施投资达 36.1 亿美元，可见中国—中亚—西亚经济走廊国家基础设施互联互通的建设具有重点突破、以点带面的特征。新亚欧大陆桥经济走廊 2013~2019 年交通基础设施投资总量为 163.9 亿美元，其中公路基础设施投资为 102.4 亿美元，铁路基础设施投资为 51.2 亿美元，航空基础设施投资为 7.9 亿美元，海运基础设施投资为 2.4 亿美元，可知中国与新亚欧大陆桥经济走廊区域国家交通基础设施互联互通的投资主要集中在公路基础设施投资领域。中巴经济走廊 2013~2019 年交通基础设施投资总量为 106.3 亿美元，其中公路基础设施投资为 61.1 亿美元，铁路基础设施投资为 17.2 亿美元，航空基础设施投资为 6.1 亿美元，海运基础设施投资为 21.9 亿美元，中国与中巴经济走廊区域国家交通基础设施互联互通投资高峰集中在 2015 年，投资领域主要为公路、铁路以及海运等。孟中印缅经济走廊 2013~2019 年交通基础设施投资总量为 96.4 亿美元，其中公路基础设施投资为 30.4 亿美元，铁路基础设施投资为 34.2 亿美元，航空基础设施投资为 0，海运基础设施投资为 31.8 亿美元，孟中印缅经济走廊交通基础设施投资主要为公路、铁路以及海运，且投资分布较为均匀。中俄蒙经济走廊 2013~2019 年交通基础设施投资总量为 25.1 亿美元，其中公路基础设施投资为 13.2 亿美元，铁路基础设施投资为 11.9 亿美元，航空基础设施投资与海运基础设施投资为 0，中国与中俄蒙经济走廊国家间交通基础设施互联互通主要围绕公路与铁路基础设施进行建设。根据世界银行数据，中俄蒙经济走廊的铁路货运量在 2019 年达 2.61 亿吨/千米，在“六廊”区域中位居前列。

2.1.1.2 能源基础设施投资总体情况

图 2-3 为中国对“六廊”区域能源基础设施投资总体情况。由图可知，2013~2019 年“六廊”区域能源基础设施投资波动的增长趋势更为明显，若对 2013~2019 年能源基础设施投资的积累量进行排名，“六廊“区域排名依次为：中国—中亚—西亚经济走廊、中国—中南半岛经济走廊、新亚欧大陆桥经济走廊、中巴经济走廊、中俄蒙经济走廊、孟中印缅经济走廊。

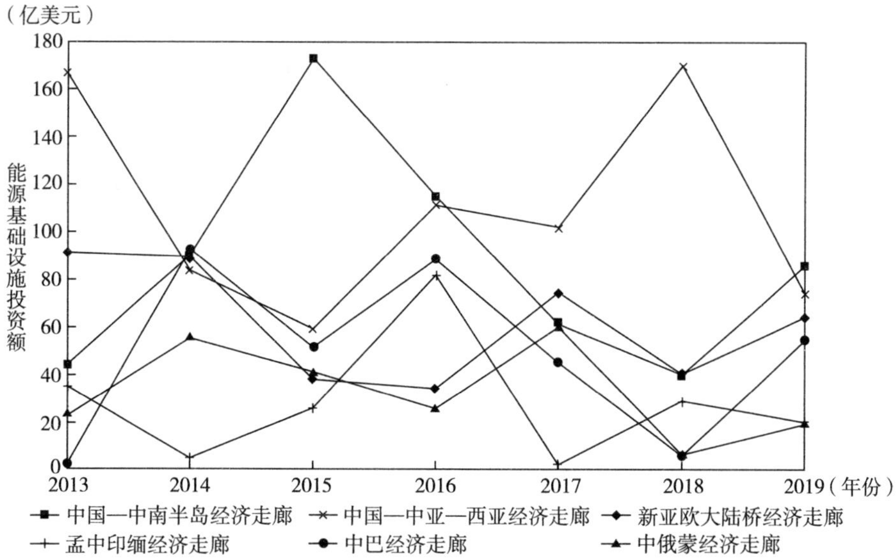

图2-3 “六廊”能源基础设施投资总体情况

中国—中亚—西亚经济走廊2013~2019年能源基础设施投资总量为765.7亿美元，主要集中于石油、煤炭以及天然气等能源合作领域，石油领域基础设施投资总量为315.1亿美元，煤炭领域基础设施投资总量为134.8亿美元，天然气领域基础设施投资总量为122.8亿美元。其中，石油领域基础设施投资流量峰值国是哈萨克斯坦，2013年达53亿美元，远超其他国家；煤炭领域基础设施投资流量峰值国是埃及，2018年达44亿美元；天然气领域投资分布相对均衡。根据世界银行数据，中国—中亚—西亚经济走廊以人均千克石油当量为表征的能源使用情况数据为4139，位列第一；以石油发电量占总发电量比例为表征的石油资源丰富度情况数据为23.28%，仅次于中巴经济走廊。中国—中南半岛经济走廊2013~2019年能源基础投资总量为608.8亿美元，主要集中在煤炭、电力以及石油等能源合作领域，煤炭领域基础设施投资总量为197.2亿美元，电力领域基础设施总投资为126.4亿美元，石油领域基础设施总投资为108.5亿美元。其中，煤炭领域基础设施投资主要集中在菲律宾、印度尼西亚、越南以及柬埔寨等国家，电力领域基础设施投资主要集中在老挝及印度尼西亚，石油领域基础设施投资主要集中在文莱与缅甸等国。新亚欧大陆桥经济走廊以及中巴经济走廊的能源基础设施投资在“六廊”区域位于第二层次，2013~2019 年能源基础设施投资总量分别为 429.5 亿美元与 339.4 亿美元，新亚欧大陆桥经济走廊能源基础设施投资主要集中在天然气、石油以及新能源领域，中巴经济走廊能源基础设施投资主要集中在煤炭和电力领域。中俄蒙经济走廊和孟中印缅经济走廊能源基础设施投资在“六廊”区域位于第三层次，投资总量分别为 257.2 亿美元以及 196.9 亿美元，中俄蒙经济走廊能源基础设施投资主要集中在天然气领域，为 162.6 亿美元；孟中印缅经济走廊能源基础设施主要集中在煤炭领域，为 109 亿美元。

2.1.1.3　通信基础设施投资总体情况

图 2-4 为中国对“六廊”区域通信基础设施投资总体情况。2013~2019 年“六廊”区域通信基础设施投资区域间差异显著，若对 2013~2019 年通信基础设

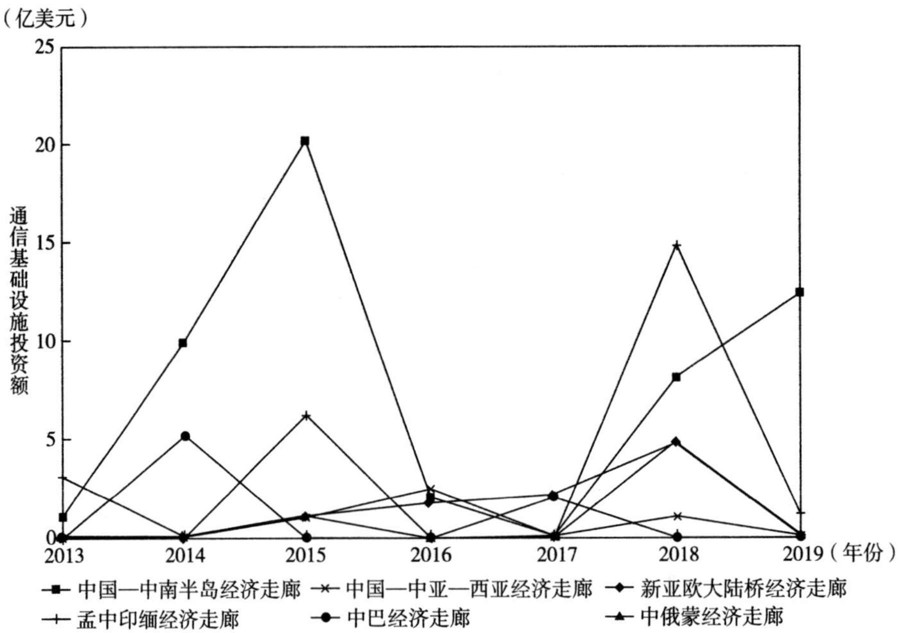

图 2-4　“六廊”通信基础设施投资总体情况

施投资的积累量进行排名，“六廊”区域排名依次为：中国—中南半岛经济走廊、孟中印缅经济走廊、新亚欧大陆桥经济走廊、中巴经济走廊、中俄蒙经济走廊、中国—中亚—西亚经济走廊。

世界银行数据显示，中国—中南半岛经济走廊的通信基础设施建设水平在“六廊”区域内处于较低层次，是2013~2019年通信基础设施投资的重点对象。期间，中国—中南半岛经济走廊通信基础设施投资总量为54.1亿美元，远超“六廊”其他区域。截至2019年，中国—中南半岛经济走廊区域内国家的固定宽带订阅率增长了44%，固定电话订阅率增长19%，互联网使用率增长100%，通信基础设施投资效率明显，通信设施互联互通程度得到较大提高。2013~2019年孟中印缅经济走廊通信基础设施总投资为25亿美元，截至2019年，孟中印缅经济走廊区域国家固定宽度订阅率增长193%，互联网使用率增长100%，通信基础设施互联互通程度加深。中国—中亚—西亚经济走廊、新亚欧大陆桥经济走廊以及中俄蒙经济走廊2013~2019年通信基础设施投资总量均低于10亿美元，主要是因为这三大经济走廊的通信基础设施完善程度在“六廊”区域平均水平以上。中巴经济走廊各方面的通信能力均较低，2013~2019年通信基础设施投资总量为7.2亿美元，截至2020年，中巴经济走廊区域每百人固定宽带订阅率仅为1.09，互联网使用人数的占比也仅为17%，通信基础设施互联互通建设比较薄弱。

2.1.2 “六廊区域”区域基础设施互联互通建设现状

2.1.2.1 交通基础设施互联互通建设现状

自“一带一路”倡议提出以来，我国已与“一带一路”沿线国家签署了《上海合作组织成员国政府间国际道路运输便利化协定》《中国—东盟海运协定》等数百个双边和区域运输协定，涉及铁路、公路、海运、航空等多个方面，各项建设均取得了积极进展。

在铁路建设及运营总体情况方面，笔者根据“一带一路”网相关数据整理得到“六廊”区域2019年铁路里程及铁路货运周转量数据（见图2-5）。铁路总里程可以代表该区域铁路基础设施的绝对水平，而铁路货运周转量则可以代表铁路在区域互联互通中的效率水平。由图2-5可知，新亚欧大陆桥经济走廊和中俄蒙经济走廊的铁路基础设施建设绝对水平以及铁路在区域互联互通中的效率水平都远高于其他区域，这两大经济走廊包含了中欧班列行程的绝大部分。因此其铁路货运周转量很大程度上能反映中国与“六廊”区域铁路交通设施互联互通的程度。据“一带一路”网信息，2022年1~7月，中欧班列累计开行8990列、发送货物86.9万标准箱，同比分别增长3%、4%。其中，7月开行1517列、发送货物14.9万标准箱，同比分别增长11%、12%，均创历史新高。国铁集团积极探索中欧班列境外通道的多样性，开辟运输新通道、新路径。新开通西安、重庆等城市经“两海”通道至罗马尼亚康斯坦查的铁海联运新线路，扩大了中欧班

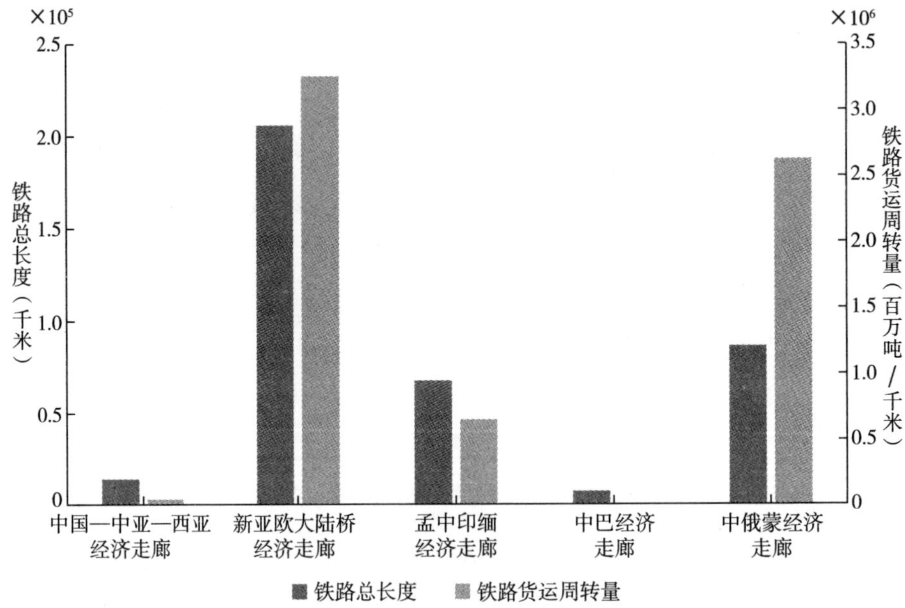

图2-5　2019年“六廊”部分区域铁路建设及运营情况

列辐射范围，推动形成“畅通高效、多向延伸、海陆互联”的境外通道网络格局，拓展增加通达国家1个、城市20个。目前，中欧班列已通达欧洲24个国家200个城市，国铁集团推动中欧班列与西部陆海新通道、中老铁路衔接，用足口岸交接能力，持续提升中欧班列运输能力和效率。

在跨境铁路建设方面，就中南半岛经济走廊而言，中老铁路在2021年12月正式通车，该铁路全长1000多千米，北起云南省会昆明，南至老挝首都万象。其中，新建国内玉溪至磨憨段500多千米，有隧道93座、桥梁136座，桥隧比高达87.3%。截至2022年12月2日，中老铁路开通运营满一年，累计发送旅客850万人次，其中，国内段720万人次、老挝段130万人次；发送货物1120万吨，跨境货物超190万吨。

在中国—中亚—西亚经济走廊的铁路基础设施建设方面，2016年，青藏高原首趟中欧班列从青海省西宁市双寨铁路物流中心发出，这趟中欧班列共装载44个标准集装箱，途经甘肃、新疆两省区，由阿拉山口口岸出境，沿线路过哈萨克斯坦、俄罗斯、白俄罗斯、波兰、德国5国，最终到达比利时安特卫普，全程9838千米，其中，国内段2644千米，国外段7194千米。2016年8月25日，首趟中阿货运班列从中国南通出发，自新疆阿拉山口口岸出境，途经哈萨克斯坦、乌兹别克斯坦，于9月6日进入阿富汗重要口岸和货运重镇海拉顿。2016年8月27日，由中铁隧道集团承建的安格连—帕普铁路隧道顺利贯通，全长19.2千米，穿越乌兹别克斯坦库拉米山、库伊尼德及萨尼萨拉克萨伊河等复杂地质环境地区。2017年，中哈第二条铁路客运通道正式运行，这是霍尔果斯铁路口岸开行的首趟国际旅客列车，也是继阿拉山口铁路口岸后，中国与哈萨克斯坦间第二条铁路客运通道，由新疆霍尔果斯火车站缓缓驶出，开往哈萨克斯坦共和国首都阿斯塔纳。

在新亚欧大陆桥经济走廊的铁路基础设施建设方面，已有蓉欧、苏满欧、渝新欧、汉欧、郑欧、义新欧等多条铁路货运线抵达或经过波兰。在阿富汗召开的第七届阿富汗区域经济合作会议（RECCA Ⅶ）期间部长级会议上，阿富汗、阿塞拜疆、格鲁吉亚、土耳其、土库曼斯坦达成协议共建“拉祖里特”跨境运输走廊，该走廊将成为阿富汗到欧洲货运最便捷和优惠的通道，该项目计划投资20多亿美元，资金来自中国、吉尔吉斯斯坦、塔吉克斯坦、伊朗、土耳其、美国，以及国际金融机构——亚洲开发银行和世界银行。2016年，中国土木工程集团有限公司与塞尔维亚铁路基础建设公司正式签约“铁路线汇合点G—拉科维察—雷斯尼克”段铁路修复改造项目，标志着中国公司使用欧盟资金在塞尔维亚实施的第一个铁路项目启动。2016年12月，中欧“安智贸”首条铁路专列正式启动。2017年，位于格鲁吉亚中部克维什赫季的9号隧道全长超过8.3千米，是格鲁吉亚有史以来建设的最长铁路隧道。青海省首次发往俄罗斯彼尔姆市的中欧班列在2017年从青藏铁路公司格尔木车站驶出，经西宁、兰州，从阿拉山口出境，途径哈萨克斯坦，最终到达俄罗斯彼尔姆市，班列行程约6360千米。其中，国内段3450千米，国外段2910千米。2021年，匈塞铁路奠基，全长350千米，是中国—中东欧国家合作的标志性项目，也是中国铁路技术和装备与欧盟铁路互联互通技术规范的对接。

在中俄蒙经济走廊铁路基础设施建设方面，2016年，中欧班列有新疆阿拉山口和内蒙古二连浩特两个过境口岸。其中，经阿拉山口口岸出境，途经哈萨克斯坦、俄罗斯，全程10214千米，是中国西部地区直达欧洲的陆上铁路货运大通道；经内蒙古二连浩特口岸出境，途经蒙古国、俄罗斯，全程10484千米，是中国北部地区直达欧洲的陆上铁路货运大通道。由大连港始发的全国首列全冷藏集装箱过境班列于2016年8月23日顺利抵达莫斯科，标志着全国首列全程冷藏集装箱过境班列运输取得成功，此后开通了首趟以叶卡捷琳堡为终点的货运班列。

在跨境公路项目建设方面，就中国与中亚—西亚经济走廊、新亚欧大陆桥经济走廊以及中俄蒙经济走廊的联通而言，由东向西的陆地物流通道出口主要有三个方向：一是通过新疆阿拉山口、霍尔果斯向西；二是通过内蒙古二连浩特，经蒙古国入俄罗斯；三是通过满洲里（包括通过绥芬河走西伯利亚铁路），再往欧洲发货。2018年全长950千米的中吉乌国际公路开通，东起中国新疆喀什，穿越吉尔吉斯斯坦南部城市奥什，西抵乌兹别克斯坦首都塔什干，它是新疆塔里木盆地到中亚阿姆河流域一条重要的公路大通道，也是中国—中亚—西亚国际经济走廊的重要组成部分。根据乌兹别克斯坦官方测算，新线路的开通，将使每吨货物的运费较此前减少300~500美元，一年运费支出就可节省250万美元左右。2018年，巴基斯坦旁遮普省—中国新疆跨境大巴客运服务正式启用，首班客车于凌晨离开始发站巴东部旁遮普省的首府拉合尔市，全程预计耗时36小时，途经伊斯兰堡、拉瓦尔品第等巴基斯坦5个站点。就中国与中南半岛经济走廊的联通而言，已经联通了的公路基础设施仅有中巴公路（喀喇昆仑公路）、中尼公路和史迪威公路。2017年，由中国政府贷款援助、中国路桥公司承建的哥通桥在柬埔寨干丹省哥通县正式通车，金边市约60千米，桥梁长415米，这是中国公司承建的第七座中柬友谊大桥。除哥通桥外，还包括两座湄公河大桥以及洞里萨河大桥、巴萨河大桥、西公河大桥和金边水净华新桥，以上陆路及桥梁基础设施的完工对进一步打造中国与南亚公路交通基础设施的互联互通起到基础性作用。

在港口建设方面，由于海运运输成本低、航道众多，是“一带一路”倡议推进发展的重要组成部分，分析“一带一路”沿线国家的港口建设情况对建设各国海上互联互通运输网具有重要意义。“六廊”区域港口基础设施建设情况可通过其港口货物吞吐量的时间趋势图反映。如图2-6所示，中南半岛经济走廊和中亚—西亚经济走廊的港口货物吞吐量远远大于“六廊”其他区域。2020年，中南半岛经济走廊港口集装箱吞吐量为7550万标准箱，中亚—西亚经济走廊则为5550万标准箱，而中巴经济走廊与中俄蒙经济走廊则分别为333万标准箱与480万标准箱，“六廊”区域间海运基础设施发展差距较大的主要原因是地理位置差异，中南半岛经济走廊与中亚—西亚经济走廊海域丰富，故而在海运方面具有巨大的比较优势。可以看出中国与“六廊”区域海运基础设施互联互通的主要合作对象为中南半岛经济走廊和中亚—西亚经济走廊区域国家，如新加坡、越南、马来西亚以及阿联酋与以色列等国。

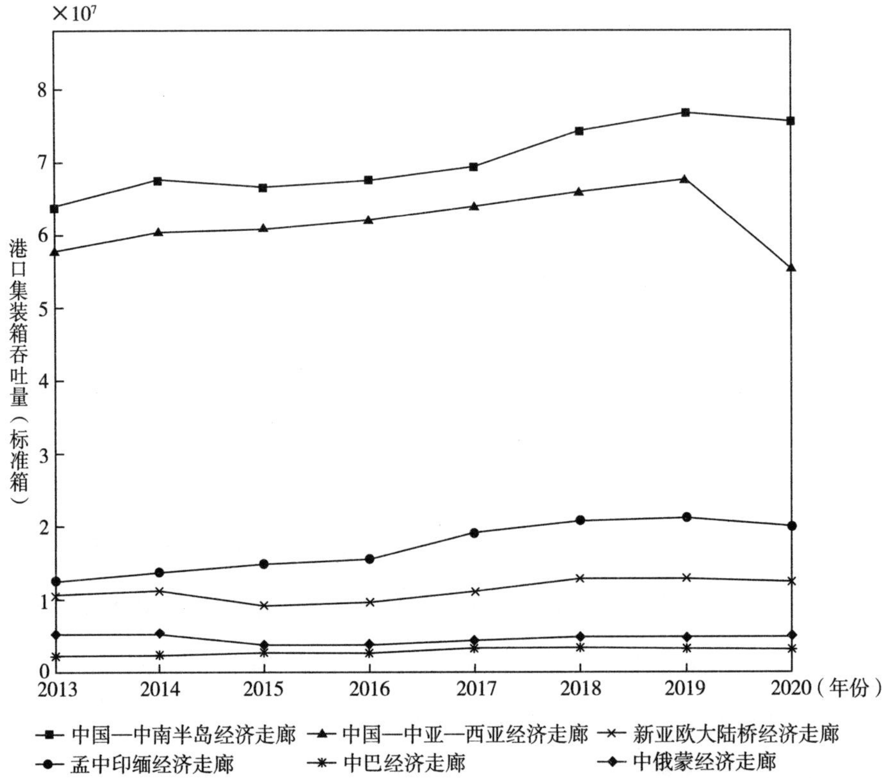

图 2-6　2013~2020 年“六廊”区域港口集装箱吞吐量

在航空基础设施建设方面，早在 2016 年，中国就与 120 个国家和地区签署了双边政府间航空运输协定，其中，“一带一路”沿线国家占一半以上。2017 年，中国民航与 43 个“一带一路”沿线国家实现空中直航，每周约有 4200 个航班；国航、南航、东航等国内航空公司加大对“一带一路”沿线国家的运力投放，新开辟沿线国家航线 240 条。航空货运周转量数据可在一定程度上反映中国与“六廊”区域航空方面互联互通的基本情况。图 2-7 为依据“一带一路”网航空货运数据按“六廊”区域进行划分整理而得，由图可知，2013~2020 年，中国—中亚—西亚经济走廊区域航空互联互通情况在“六廊”区域中表现最好。2019 年，中国—中亚—西亚经济走廊航空货运周转量为 395 亿吨/千米，而中南半岛经济走廊为 101 亿吨/千米，前者接近后者的 4 倍。2020 年，受新冠肺炎疫情影响，“六廊”各区域的航空货运周转量均有所下降。

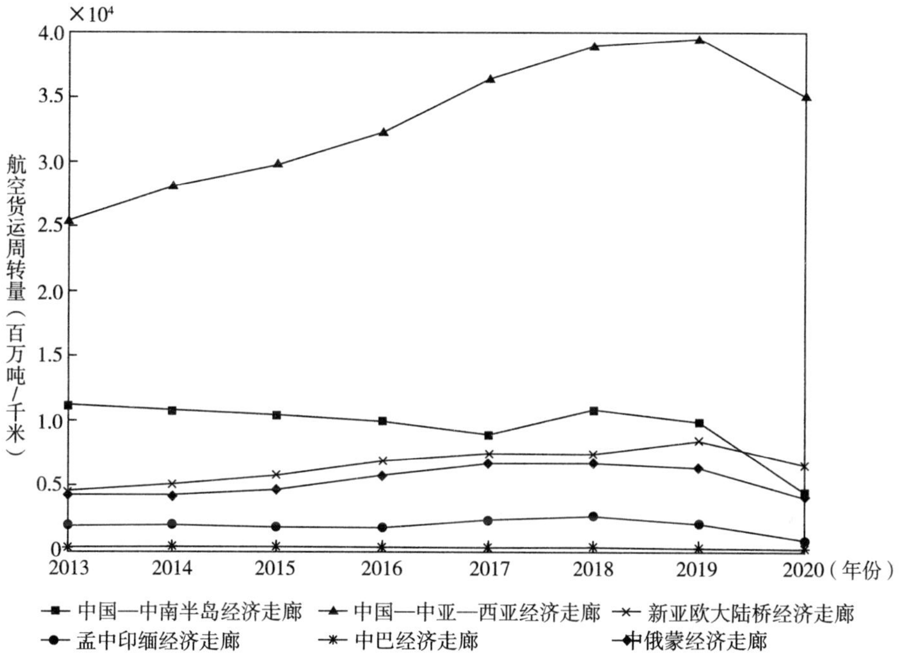

图 2-7　2013~2020 年“六廊”区域航空货运周转量

2.1.2.2　能源基础设施互联互通建设现状

在“一带一路”倡议的引领下，中国的能源国际合作已经取得了丰硕成果，一批重大能源合作项目落地实施，能源合作双边、多边的机制也不断完善，能源政策及技术交流日益频繁，对“一带一路”相关国家的经济和社会的发展起到了积极作用。图 2-8 是根据“一带一路”数据库中中国对“一带一路”沿线国家 2016~2017 年石油累计进口量以及石油产品出口额按“六廊”区域划分所得，由图中数据可知，中国对“一带一路”区域的能源依赖不容忽视。对“六廊区域”尤其是中国—中亚—西亚经济走廊、新亚欧大陆桥经济走廊以及中俄蒙经济走廊中的国家而言，加强与中国能源基础设施互联互通将带来非常大的收益。表 2-2 为中国在“一带一路”区域中的主要能源合作项目。

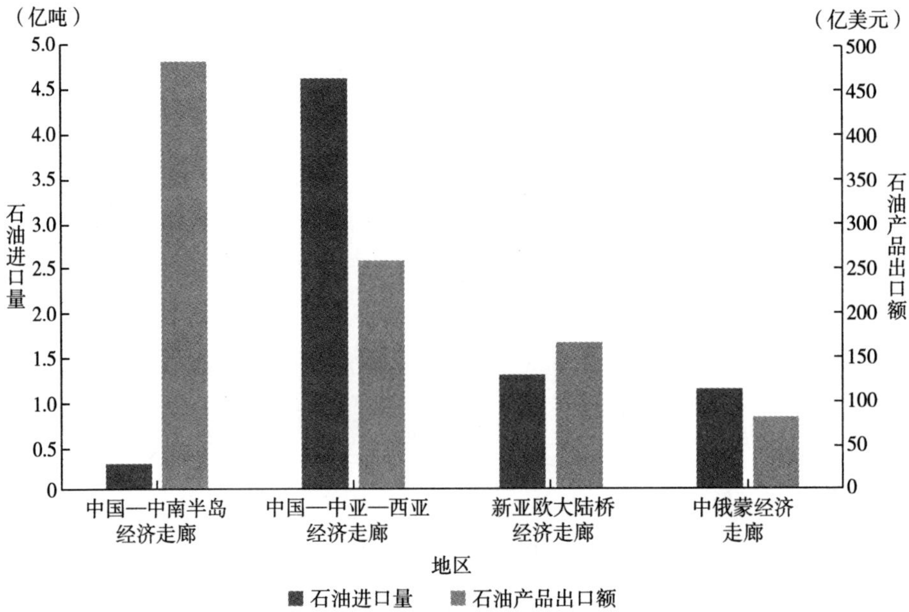

图 2-8　中国对“一带一路”区域的石油进口与石油产品出口情况

表 2-2　“一带一路”六廊区域国家与中国主要的能源合作项目

区域	能源项目
中国—中亚—西亚经济走廊	2009 年，中亚天然气管道项目投产
	2016 年，伊朗西部洛雷斯坦省鲁德巴河谷地区大型水利项目竣工
	2016 年，中国石油勘探并发掘哈萨克斯坦国北特鲁瓦油田
	2017 年，哈萨克斯坦液化石油气首次以铁路运输的方式运抵中国
	2020 年，世界最大联合循环电站项目——沙特阿拉伯阿美吉赞并网成功

续表

区域	能源项目
新亚欧大陆桥经济走廊	2020 年，格鲁吉亚格达巴尼联合循环天然气电站项目竣工
	2021 年，克罗地亚塞尼风电项目正式投运
中国—中南半岛经济走廊	2016 年，老挝南欧江梯级水电一期竣工，2019 年二期投入运营
孟中印缅经济走廊	2017 年，中缅原油管道项目投入运营
中俄蒙经济走廊	2018 年，中俄原油管道二线工程竣工
	2020 年，新疆东部哈密市巴里坤县至蒙古国布尔嘎斯台口岸 10 千伏供电线路正式运行
	2020 年，中俄东线天然气管道中段（吉林长岭—河北永清）正式投产运营
中巴经济走廊	2017 年，中国援助巴基斯坦的法蒂玛·真纳公园太阳能光伏发电项目正式交接
	2017 年，中巴经济走廊首个落地能源项目——巴基斯坦卡西姆港燃煤电站投入运营
	2019 年，中巴经济走廊重要能源项目——国家电投中电胡布燃煤发电项目 2 号机组成功并网发电

在中国—中亚—西亚经济走廊区域，2016 年，由中国葛洲坝集团有限公司承建的一处大型水利项目在伊朗西部洛雷斯坦省鲁德巴河谷地区顺利竣工，该项目主要工程包括一座高 153 米的黏土心墙堆石坝、开敞式溢洪道以及两条各 3.6 千米长的引水系统，同期配建的还有发电机组、地面厂房和封闭式开关站等水电站设施。2017 年 3 月，该项目的两台单机 225 兆瓦机组全部投入使用，总发电量达 450 兆瓦。中国石油发挥整体技术优势，通过自主勘探发现了哈萨克斯坦独立以来最大的陆上油田——北特鲁瓦油田等一批新油田。2017 年，哈萨克斯坦液化石油气首次以铁路运输的方式运抵中国，此前中哈两国间的液化气输送完全依赖公路运输。中哈液化气铁路运输线路的贯通，可满足中国西北部地区大型炼化厂的原料需求。2020 年，由中国电建所属电建核电公司和山东电建公司建设的沙特阿拉伯阿美吉赞 3850 兆瓦电站项目 12 燃机带负荷并网一次成功，吉赞电站项目是沙特阿拉伯阿美石油公司最大的电站项目，总装机容量为 3850 兆瓦，包含 5 个单元，每个单元配置 2 台西门子燃机及发电机、2 台余热锅炉、1 台汽轮

发电机，电站采用联合循环技术，适用阿美、西门子、沙特阿拉伯电网等多重标准，建成后不仅为吉赞经济园区提供动力，还向沙特阿拉伯国家电网供电 2400 兆瓦，对沙特阿拉伯的电力发展具有重大意义。中亚天然气管道是联通中亚多国与中国的重要能源战略通道，作为“一带一路”沿线国家能源合作的典范工程，管道于 2009 年 12 月投产，西起土库曼斯坦和乌兹别克斯坦边境，穿越乌兹别克斯坦中部和哈萨克斯坦南部，经新疆霍尔果斯入境中国，与中国国内的西气东输二线和三线相连，每年从中亚国家输送到中国的天然气，约占其同期消费总量的 15%以上，惠及 3 亿多人口。截至 2022 年，已累计输送天然气逾 4000 亿立方米。

在新亚欧大陆桥经济走廊区域，2016 年，中国天辰公司以 1.6 亿美元的价格成功中标格鲁吉亚格达巴尼联合循环天然气电站项目，装机容量 230 兆瓦的格达巴尼燃气电站是格鲁吉亚重点能源项目，对保障格鲁吉亚电力供应、维护能源安全意义重大，项目于 2020 年竣工。2021 年，由中国北方工业有限公司所属北方国际合作股份有限公司投资承建的克罗地亚塞尼风电项目并网发电，标志着该项目正式投入运营，该项目位于克罗地亚中部沿海城市塞尼，项目于 2018 年 11 月开工建设，总投资 1.79 亿欧元，总装机容量 156 兆瓦，采用 39 台单机容量 4 兆瓦的风力发电机组设备，风场面积达 42.8 平方千米。项目正式运营后，预计每年可贡献约 5.3 亿度绿色电力，减少二氧化碳排放约 46 万吨，将为克罗地亚能源转型、发展绿色经济提供强劲动力。

在中俄蒙经济走廊区域，2018 年，中俄原油管道二线工程 941.8 千米管道全线贯通，从东北输油管道进口的俄罗斯原油将由每年 1500 万吨增加到 3000 万吨。2020 年，新疆东部哈密市巴里坤县至蒙古国布尔嘎斯台口岸的 10 千伏供电线路正式运行。2020 年，中俄东线天然气管道中段（吉林长岭—河北永清）正式投产运营，意味着京津冀地区可以直接使用俄罗斯的天然气，该天然气管道是我国首条建设的 1422 毫米超大口径、12 兆帕高压力等级的天然气管道，从建设期到运营期采用数字化、网络化、智能化管理，是我国智能管道的试点工程。

在中国—中南半岛经济走廊以及孟中印缅经济走廊区域，2016 年，南欧江梯级水电开发项目两期进行开发，总装机容量达 128 万千瓦，也是老挝国家能源战略的关键项目。2016 年 5 月，开发项目一期 3 个水电站全部机组已成功投产发电，2019 年二期项目投入运营。

2.1.2.3　通信基础设施互联互通建设现状

就通信设施联通现状而言，从“六廊”区域固定宽带用户绝对数量的发展趋势来看，发展速度较快的区域有中国—中亚—西亚经济走廊、孟中印缅经济走廊以及新亚欧大陆桥经济走廊，中俄蒙经济走廊、中巴经济走廊以及中国—中南半岛经济走廊则发展相对缓慢。具体如图 2-9 所示。

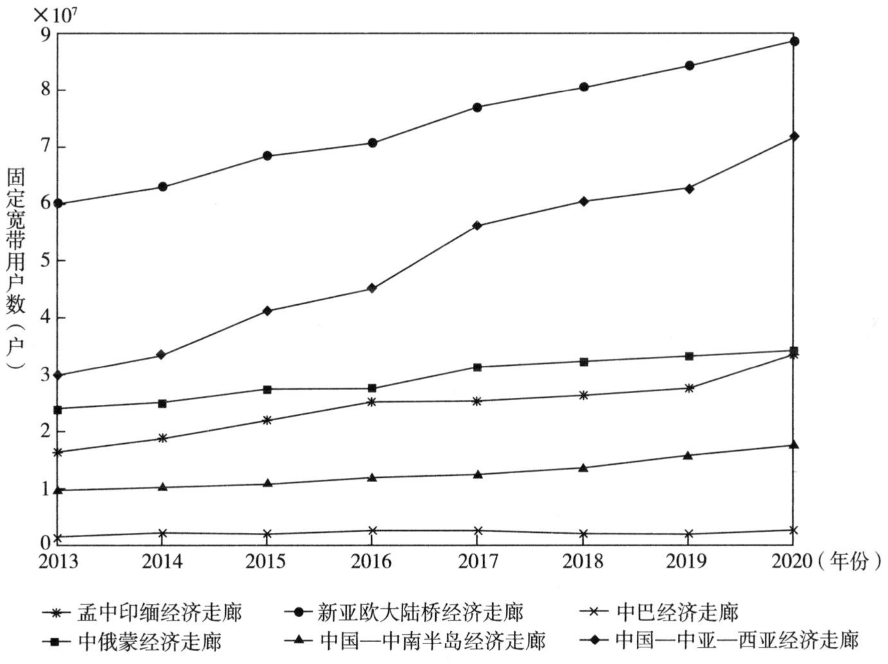

图 2-9　“六廊”区域固定宽带用户数

就“一带一路”通信基础设施项目建设而言，2016 年，老挝北斗卫星定位综合服务系统（CORS）赛色塔基站在老挝首都万象赛色塔综合开发区正式揭牌，该系统由中国国家测绘地理信息局授权云南省测绘地理信息局协助老方完成，老挝天眼公司和中国南方测绘集团共同投资建设，该基站的建立标志着老挝北斗卫星综合服务系统正式落地，中老双方计划将合作建设40个基站，覆盖老挝全境，其中6个基站坐落于首都万象市，其他省份分别设立1~2个基站。2017年，中国移动下调“一带一路”沿线国家/地区语音和流量漫游资费，将“一带一路”沿线全部64个国家/地区的漫游语音资费下调至0.99元/分钟。数据显示，中国移动在“一带一路”沿线共64个国家/地区已全部开通语音漫游业务，于58个国家/地区开通数据漫游业务，其余6个国家/地区已进入测试阶段。在58个开通数据漫游的国家/地区中，32个国家/地区开通4G漫游业务。在资费方面，“一带一路”沿线64个国家/地区的语音业务资费已全部纳入“1/2/3元区”，36个国家/地区的数据业务资费已纳入“3/6/9元区”，21个国家/地区推出“30/60/90元包天不限量套餐”。中国移动率先启动投资过百亿元的通信基础设施建设项目，采用世界领先的安全技术，建设全长超过65000千米，足以围绕地球1.5圈的海、陆缆通信传输系统，确保“一带一路”信息通道高效畅通、质量稳定可靠，实现“信息丝绸路”上通信网络的四通八达。未来三年，中国移动将在全球新建142个网络服务提供点（POP点），覆盖58个“一带一路”沿线城市，显著提升服务能力，扩大通信业务的通达范围。2018年7月13日，“一带一路”关键性项目——“中巴光缆”开通仪式在巴基斯坦首都伊斯兰堡举行。“中巴光缆”开通后，将大幅缩短中巴之间的通信时延。作为中巴经济走廊的基础性项目，“中巴光缆”的开通将使中巴经济走廊的基础设施能力大幅提高，也为中巴信息走廊提供了关键性的能力。

综上所述，本章将“一带一路”沿线国家划分为六大经济走廊区域，分析了“一带一路”沿线国家的基础设施状况。就“六廊”区域基础设施投资总体情况而言，各区域的基础设施总投资呈现稳步上升趋势，区域间投资水平存在差异。本书将从交通、能源及通信三个方面对“六廊”区域基础设施状况进行分析。在交通基础设施与能源基础设施建设领域，中国—中南半岛经济走廊以及中国—中亚—西亚经济走廊位居前列，中国—中南半岛经济走廊区域国家航空和海运交通基础设施较为完善，中国—中亚—西亚经济走廊交通基础设施互联互通的投资主要集中在哈萨克斯坦、埃及、沙特阿拉伯以及伊朗等能源丰富或地理位置优越的国家。在通信基础设施建设领域，“六廊”地区通信基础设施发展现状分化较大，位于前列的新亚欧大陆桥经济走廊和中国—中亚—西亚经济走廊与较为落后的中巴经济走廊及中南半岛经济走廊存在较大差距。随着政策调整，“一带一路”区域基础设施建设需求逐步释放、市场热度回升，基础设施发展趋势得到加强。但“一带一路”区域基础设施发展仍面临不少挑战，把握新一轮技术革命、能源变革带来的发展机遇，将是当前国际基础设施发展的必由之路。

2.2　中国面向南亚基础设施互联互通建设现状

在整个南亚地区中，印度、巴基斯坦、不丹、尼泊尔和阿富汗在陆上与我国毗邻，而且都集中在我国西部的西藏、新疆以及云南三省份边境。近年来，中国积极援助南亚多个国家的基础设施建设，包括轨道交通、铁路、公路、航站楼等，进一步完善了中国与南亚国家间的基础设施互联互通，推进了南亚大通道的建设。

2.2.1　跨境公铁建设情况

南亚共有八个国家，其中尼泊尔、不丹、阿富汗为内陆国，印度、巴基斯坦、孟加拉国为临海国，斯里兰卡、马尔代夫为岛国。随着“一带一路”建设的深入，中国正逐步加快面向南亚的基础设施建设战略步伐，不断完善铁路、公路、航空三位一体的互联互通立体交通运输系统，同时加快能源设施与通信设施的建设，积极融入“一带一路”倡议，使沿线国家共享“一带一路”发展的福利。

2.2.1.1　跨境铁路建设方面

铁路运输由于速度快、运输能力大、限制较小、连续性强、通用性能好、到发时间准确、运行比较平稳、安全可靠、运输成本较低、能耗较低等优点，在大陆桥物流运输体系中具有极其重要的地位，但是目前南亚国家中提出与中国修建跨境铁路互联互通的国家只有巴基斯坦和尼泊尔。中国在南亚修建交通基础设施的关键环节之一就是打通两条铁路走廊：一个是跨喀喇昆仑走廊延伸到霍尔木兹海峡入口的瓜达尔；另一个是囊括公路、水路和铁路联系的以云南为起始点，最终抵达缅甸港口的伊洛瓦底江走廊，这一举措充分展现了中国推进“一带一路”倡议纵深发展的力度。

2015 年 4 月，中巴两国签署《中华人民共和国国家铁路局与巴基斯坦伊斯兰共和国铁道部关于开展 1 号铁路干线（ML1）升级和哈维连陆港建设联合可行性研究的框架协议》。巴基斯坦 1 号铁路干线从卡拉奇向北经拉合尔、伊斯兰堡至白沙瓦，全长 1726 千米，是巴基斯坦最重要的南北铁路干线。哈维连站是巴基斯坦铁路网北端终点，规划建设由此向北延伸经中巴边境口岸红其拉甫至喀什的铁路。哈维连拟建陆港，主要办理集装箱业务。1 号铁路干线升级和哈维连陆港建设，是中巴经济走廊远景规划联合合作委员会确定的中巴经济走廊交通基础设施领域优先推进项目①。

2015 年中国和尼泊尔考虑从中国的边境县——吉隆县修筑一条穿过喜马拉雅山到达加德满都的跨境铁路，全长 540 千米。2017 年 9 月，中国与尼泊尔争取尽快将建设中尼跨境铁路的设想变成现实，以造福两国和两国人民。2022 年 8 月，时任国务委员兼外交部长王毅会见来华访问的尼泊尔外长卡德加时宣布，中

① 资料来源：中国一带一路网。

方将对尼泊尔援款以支持中尼跨境铁路可行性研究，年内派专家赴尼开展踏勘①。中国在“一带一路”倡议下始终保持加强同尼泊尔的务实合作，在力所能及的范围内为尼泊尔经济社会发展提供帮助②。

2.2.1.2 跨境公路建设方面

目前，中国与南亚国家已经联通了的公路基础设施仅有中巴公路（喀喇昆仑公路）、中尼公路和史迪威公路。这三条公路分别从新疆、西藏和云南出境，连接巴基斯坦、尼泊尔和印度，构建了中国与南亚陆路交通设施互联互通的网络体系。由于中国与不丹还未建立正式的外交关系，中国与不丹道路也未联通。随着“一带一路”倡议的深化，中国对南亚国家的基础设施建设主要集中在中巴高速公路、中尼高速公路、中孟公路。

目前，中国与巴基斯坦仅有中巴友谊公路（喀喇昆仑公路）实现了公路设施建设的互联互通。该条公路北起中国新疆喀什，穿越喀喇昆仑山脉、兴都库什山脉、帕米尔高原、喜马拉雅山脉西端，经过中巴边境口岸红其拉甫山口，南到巴基斯坦北部城市塔科特。该条公路全长 1224 千米。其中，巴基斯坦境内 809 千米，中国境内 415 千米。2019 年 11 月 18 日，巴基斯坦喀喇昆仑公路二期工程赫韦利扬至曼塞赫拉高速公路段已正式通车。

中尼公路是中国西藏自治区拉萨市至尼泊尔首都加德满都的公路，它是西藏境内第一条真正意义上的高速公路。它从拉萨开始，经日喀则市、拉孜县（318国道），然后分为两条支线（东线为主），东线为定日—聂拉木公路，覆盖定日县、聂拉木县、樟木镇樟木口岸，经友谊桥到尼泊尔首都加德满都。这条从拉萨开始的中尼公路全长 943 千米，西藏境内 829 千米，尼泊尔境内 114 千米，此线在 1963 年 6 月动工，在 1965 年建成通车。西线为拉孜—吉隆公路，覆盖拉孜

---

① 资料来源：中国一带一路网。

② 外交部．王毅同尼泊尔外长卡德加举行会谈［EB/OL］．https：//www.mfa.gov.cn/web/wjbzhd/202208/t20220810_ 10740338.shtml.

219国道、吉隆县城，经吉隆镇吉隆口岸出境，到尼泊尔。该高速公路建成后，中尼两地间的车程将从1小时减少到30分钟，设计公路等级为一级公路双向四车道，设计时速为每小时100千米。2003年，中国对中尼公路投入巨量资金进行整治改建，历时4年，中尼公路改建工程已于2006年完工。

当前依据中国云南省制定的到2030年的交通规划，云南的跨境公路有5条，主要分为西线与北线。北线为中国昆明—腾冲—缅甸密支那—印度雷多—孟加拉国达卡—印度加尔各答，衔接南亚交通网络，其中昆明—雷多为原史迪威公路（中印公路）。

2.2.1.3　班列开设方面

2016年5月，中国第一趟南亚公铁联运国际货运列车——“兰州号”搭载货物顺利到达尼泊尔加德满都。“兰州号”（兰州—日喀则—加德满都）南亚国际班列通过集装箱以及公铁联运的方式，分三段运输，从兰州到日喀则约2431千米，为铁路运输；从日喀则出境尼泊尔的吉隆口岸，约564千米，为公路运输；从吉隆口岸到尼泊尔加德满都，约160千米，为公路运输，全程需要10天左右，较传统海运节省35天。“兰州号”南亚公铁联运国际货运班列的开通，不仅大大缩短了运输时间，而且大幅地降低了运输费用①。2020年5月22日，“兰州号”南亚公铁联运国际货运班列满载货物从甘肃（兰州）国际陆港出发，运达尼泊尔首都加德满都市，这意味着“兰州号”南亚公铁联运国际货运班列正式恢复常态化运营。自2016年5月11日“兰州号”南亚公铁联运国际货运班列首发以来，班列服务质量和运行品质不断提升，开行数量快速增长，至今已累计发运11400余车、380余列，贸易额近40亿元②。

2016年11月30日，首趟“广州—南亚”班列从广东国际铁路产业经济区驶出。2016年12月9日，该次班列到达中尼边界的吉隆口岸进行通关，通往尼

①② 资料来源：中国一带一路网。

泊尔。这就标志着广东—尼泊尔公铁联运通道得以连通，距离达6000千米、高度达4000多米的国际货运顺利完成。粤尼班列以广州为始发站，穿过成渝铁路、青藏铁路，历经86小时抵达拉萨，然后经汽车运输至吉隆口岸通关出境，最终抵达尼泊尔首都加德满都，全程6070千米（其中，铁路5200千米，公路870千米）。经测算，粤藏中南亚班列磨合期过后，该路线从广州驶出到吉隆口岸的运输时间可以缩短到3.7天。出省境通道：加德满都—吉隆铁路项目。这必将带动整个中尼印经济的联动，进而实现吸引中印双方积极合作一起建设南亚经济带的目标，同时在一定程度上增强了对尼泊尔地区经济发展以及对外进行交流的支持，广东—西藏—尼泊尔公铁联运通道的联通将进一步优化沿线地区产业结构，提高附加值产品出口比重，拉动沿线地区更好地融入“一带一路”建设，增强西藏面向南亚的“桥头堡”作用，助力南亚大通道建设。

2016年12月，粤藏中南亚班列的第一列班次由广州大朗发出，途经成渝铁路、青藏铁路、拉日铁路、日喀则吉隆公路，由吉隆口岸经转出境，最后到达尼泊尔加德满都，全程6070千米（其中，铁路5200千米，公路870千米），该铁路总体时长为5天。该次班列一共承载有8个标准柜和14个棚车货物，主要涉及服装、家具、电器及电子产品等货物①。

2020年5月，由西安国际陆港集团多式联运公司组织发运的中欧班列长安号“西安—伊斯兰堡”“西安—加德满都”南亚班列同时运行。该班列从西安新筑站始发，通过公铁联运方式，分别经新疆喀什红其拉甫口岸以及西藏日喀则吉隆口岸出境，抵达南亚巴基斯坦与尼泊尔。此次南亚班列的顺利运行，不但是首次建立了陕西与南亚进行经济贸易往来的货运班列，而且更深层次地改善了中欧班列长安号的货运网络格局，使陕西融入了南亚经贸走廊的物流主动脉，初步形成了陕西面向南亚国家的通道，进一步促进陕西融入共建“一带一路”大格局。西安从此成为西北乃至中部地区通往南亚的重要窗口。目前，中欧班列（西安）

① 资料来源：中国一带一路网。

已经开行4条亚洲线路，覆盖中亚、西亚、南亚地区，进一步形成了效率高、成本低、服务优、覆盖广的中欧班列货运国际贸易通道。

2021年12月，“青海海东—西藏日喀则—尼泊尔”公铁联运南亚国际贸易班列开通，到达日喀则后转公路运输最终抵达尼泊尔首都加德满都，全程约2800千米。

2022年6月，陆海新通道国际联运测试班列（重庆—西藏—南亚）从重庆团结村集结出发，由铁路运至西藏日喀则市，再由公路从吉隆口岸出境，最终抵达尼泊尔首都加德满都。全程共计4200余千米，运输时效为12~14天，全程时效较以往的海运方式可节约20天，为重庆与南亚国家的贸易开辟了一条新通道。

随着从中国内陆城市发运抵达南亚国家的班列日益增多，中国与南亚国家的互联互通愈加便利。南亚班列的开通以极大的区位优势实现了国家间的高效运输，拓展了与南亚市场的经贸合作往来，对于提高我国国际专列管理水平和完善全球供应链有着重要的意义，更是实现互利共赢、走和平发展道路的重要体现。

南亚国家跨境公铁基础设施如表2-3所示。

表2-3　南亚国家跨境公铁基础设施情况

国家	公路	铁路
巴基斯坦	中巴公路（喀喇昆仑公路）	1号铁路干线（升级）
		哈维连陆港（建设）
		中欧班列长安号——“西安—伊斯兰堡”
尼泊尔	中尼公路	中尼跨境铁路：吉隆—加德满都铁路项目
		“兰州号”南亚国际班列、“广州—南亚”班列
		“西安—加德满都”南亚班列、“青海海东—西藏日喀则—尼泊尔”“重庆—西藏—南亚”班列
印度	史迪威公路（中印公路）	粤藏东南亚班列；中欧班列长安号——“西藏—加德满都”
孟加拉国	中孟公路	

注：资料来自中国一带一路网。

2.2.2 港口建设发展情况

在南亚七国中，斯里兰卡、马尔代夫为岛国，印度、巴基斯坦、孟加拉国为临海国，由西向东分别为巴基斯坦的卡拉奇港、印度十多个港口、斯里兰卡的科伦坡港、孟加拉国的吉大港……可见海运对其经济发展具有不言而喻的重要性，尤其是在对外贸易方面，国际贸易中最主要的运输途径就是海运。海上运输占国际贸易总运量的 2/3 以上，航道四通八达，而且海洋运输成本低，这两大优势使海运为众多企业，尤其是进出口产品为货物重量大、附加值较低的企业所偏爱。而且，作为海洋运输重要一环的港口建设与构建各国海上互联互通运输网都是“海上丝绸之路”建设的重要组成部分。在世界航运理事会统计的世界前 50 大集装箱港口排名中，科伦坡港和印度的尼赫鲁港分别位列第 30 名和第 32 名，且各项生产指标均在不断增长，因此，兴建港口几乎是南亚诸国目前的统一动作。

2.2.2.1 南亚国家主要港口基础设施

南亚东濒孟加拉湾，西濒阿拉伯海，拥有较长的海岸线。除尼泊尔、不丹、阿富汗是内陆国以外，巴基斯坦、孟加拉国和印度是临海国，其海岸线长合计约为 9030 千米；马尔代夫和斯里兰卡是岛国，其海岸线达 1880 千米。南亚国家拥有瓜达尔、卡拉奇、卡西姆、坎德拉、吉大港、科伦坡、汉班托塔等众多港口（见表 2-4）。

表 2-4 南亚国家主要港口基础设施情况

国家	主要港口	泊位（个）	岸线（米）	最大水深（米）
巴基斯坦	卡拉奇港	42	602	-16
	卡西姆港	19	2979	
	瓜达尔港	3	2439	-14

续表

国家	主要港口	泊位（个）	岸线（米）	最大水深（米）
印度	尼赫鲁港	34	6544	-14.3
	加尔各答港	28		
	蒙德拉港	24		-17
	钦奈港	24	5500	-17.4
	维沙卡帕特南港	24		-17
	帕拉迪普港	19		-17.1
	坎德拉港	18	2532	
	新芒格洛港	17		-13.5
	杜蒂戈林港	14		-14.5
	柯钦港	13		-12.5
	莫尔穆加奥港	11	3017	-14.4
	孟买港	10	2314	-12.5
	钦奈泰米尔纳德邦港	4		-13.5
孟加拉国	吉大港	23	1450	-9.15
斯里兰卡	科伦坡港	15	4122	-18
	汉班托塔港	10	2520	-18
马尔代夫	马累港	6	524	-9

注：资料来自《南亚地区港口发展格局与特点》。

印度主要港口包括：坎德拉港、孟买港和那瓦舍瓦港、帕拉迪普港、莫尔穆加奥港、新芒格洛港、柯钦港、杜蒂戈林港、钦奈港、维沙卡帕特南港、帕拉迪普港、霍尔迪亚港和加尔各答港等，尼赫鲁港是在孟买港以南 70 千米处新建的港口。其中，孟买港是印度西部最大的交通枢纽和对外贸易港口，港口位于孟买岛东岸处，而且还是世界上最大的纺织品出口港之一。加尔各答港为印度第二大港口，主要出口黄麻，加尔各答是内陆国家尼泊尔、不丹和锡金的出海口，港口距国际机场约 22 千米，交通较为便利。位于古吉拉特邦的坎德拉港处理货量最大，拥有铁路连接首都新德里，是首都等北方工商业中心最便捷的海上门户。莫尔穆加奥港是印度最大的铁矿石出口港，西距曼德海峡 1786 海里，南至柯钦港

360海里，至科伦坡港665海里，港区与铁路相通，近几年来发展速度较快。

巴基斯坦最大港口是卡拉奇港，是较优良的天然港口，其位于巴基斯坦南部沿海、印度河三角洲的西南部、阿拉伯海的北侧，地理位置较好，可以发展成转运港。卡拉奇港口承担巴基斯坦全国货物贸易进出口量的60%，港口有公路和铁路通达国内各主要城市和工农业区，距机场约13千米，有定期航班飞往世界各地。瓜达尔港是巴基斯坦的重要港口，位于巴基斯坦俾路支省西南部瓜德尔城南部，为深水港。2001年中国应巴基斯坦政府邀请，援建瓜达尔港，2016年11月，巴基斯坦中资港口瓜达尔港正式开航，成为中巴经济走廊建设中最重要的组成部分之一，同时也是地区转运枢纽和区域经济中心。瓜达尔港不仅为中国商品的进出口节约了时间，更使巴基斯坦和周边国家因贸易繁荣而受益[①]。

科伦坡港是斯里兰卡最重要也是最繁忙的港口，位于国际贸易主航道的重要节点上，是从远东到欧洲的必经之地。目前，70%来自印度、巴基斯坦、孟加拉国和缅甸等国的货物都会选择在科伦坡港中转。其中，印度和孟加拉国人口众多，而且正在持续增长，对进出口产品的需求有望继续增加。汉班托塔港是斯里兰卡的第二大深水港口，是目前中国在斯里兰卡最重要的投资项目之一。2015年汉班托塔港两期项目全部竣工，拥有10个十万吨级的泊位。加勒港同样是斯里兰卡最繁忙的区域港口之一，也是该国唯一拥有游艇靠泊设施的港口，由斯里兰卡港务局管理。

2010~2018年，南亚地区5国主要港口货物吞吐量年均增长率为3.8%，集装箱吞吐量增长率为6.7%。2018年货物吞吐量达到9.86亿吨，约占全球主要港口货物吞吐量的5.5%。南亚地区的港口发展已经达到了一定的高度，随着南亚国家越来越多、越来越深入地融入到“一带一路”倡议中来，中国援建南亚的基础设施也在逐步增多，这对于南亚国家的发展具有重要的作用。众多研究也表明，基础设施的建设对于贸易具有一定程度的影响，所以基础设施

① 资料来源：中国一带一路网。

的完善有利于国家对外贸易的发展，更有利于提升国内经济发展水平和人民生活质量。

2.2.2.2 南亚国家主要航线

中国和南亚地区的邻海国家、岛屿国（如印度、巴基斯坦、孟加拉国、斯里兰卡和马尔代夫）都由“远东—东南亚航线”实现海路联通。从中国角度来讲，与南亚地区的海上通道可归为中国近洋航线，其包括孟加拉国第一大港——吉大港和印方的加尔各答港。后者是以中国为出发点，穿过马六甲海峡，通往中东波斯湾，其包括巴基斯坦第一大港——卡拉奇港口和中巴合建的瓜达尔港。

关于港口共建，中国参与了斯里兰卡汉班托塔港和巴基斯坦瓜达尔港的建设，意图进一步在孟加拉湾和北印度洋开发海上走廊，并打算将集装箱中转站设立在吉大港。中国与巴基斯坦共建了瓜达尔港。另外，2017 年中国投资 11.2 亿美元给斯里兰卡，且拿到斯里兰卡的汉班托塔港 99 年的开发运营权与管理的相关权力①。由于斯里兰卡的科伦坡港和孟加拉国的吉大港均是港口城市，其侧重于城市设施配套建设，所以目前中国并没有获取相关港口的运营权力。

目前在南亚港口中，三大航线联盟挂靠涉及的线路有 71 条。在挂靠港中，科伦坡港拥有 26 条航线，数量最多，蒙德拉港（18 条）、尼赫鲁港（8 条）、皮帕瓦港（8 条）和吉大港（7 条）次之（岳瑶、邓俊，2019）。船公司经营的航线中，非洲—亚洲、亚洲—欧洲航线大多由 2M 联盟经营，东南亚及南亚内部航线主要由海洋联盟经营，而其余北美—地中海航线、欧洲—印度洋航线则主要由 THE 联盟经营。另外，各个联盟也经营自家经营区域内部的各条支线。

2.2.3 航空线路建设情况

在当今社会激烈的竞争中，时间就是金钱，效率就是生命，在国际物流运输

① 资料来源：中国一带一路网。

中，航空运输以其运输速度快、破损率低、安全性高、节省包装等费用、加快资金周转等优点而备受青睐。南亚国家基础设施虽然落后，但印度是世界上第一人口大国，经济体量大，合作潜力巨大。由于中国与南亚国家的公铁修建需要穿过具有“世界屋脊”之称的青藏高原，修建难度大、工期长、所需资金量巨大，而且由于自然气候以及自然灾害等原因，连通度有限，航空运输可以有效解决这一难题，因而航空建设势在必行。通过整理 2016 年航空旅客运输量数据发现，在航空旅客运输量排名前 20 名的国家中，南亚占有 4 个，分别是印度、马尔代夫、斯里兰卡、巴基斯坦。

目前中国与南亚各国已开通了多条航线。在中国与印度航线建设方面，中国的北京、上海、广州、香港都可直达德里；上海、成都、香港也可到达孟买。另外，成都可直达班加罗尔、昆明可直达加尔各答。在中方与巴基斯坦方面，中国北京、广州和乌鲁木齐都可到达伊斯兰堡，但目前只有北京可直达伊斯兰堡。尼泊尔方面，成都、昆明、广州和香港都可直达加德满都。目前中国无直飞不丹的航线，都需要从泰国、缅甸和印度进行转机。在中国与孟加拉国的航线中，广州、北京、香港都可以直达达卡。在中国与斯里兰卡的航线中，北京、上海、广州、昆明、香港、成都等城市都可以直接到达科伦坡。中国的广州、北京、上海、成都、昆明、香港、杭州和重庆都可以直达马累。

尼泊尔与中国接壤，但是游客数量仍然不占优势，因此中国对于尼泊尔的航空援建力度极大。尼泊尔由于经济条件和地理环境限制，全国除了首都加德满都有一个国际机场外，其余 44 个机场全是简易机场，飞机数量严重不足，飞行能力严重受限。随着尼泊尔参与“一带一路”建设的深入，中尼航空发展前景愈发喜人。目前，已在尼泊尔服役 5 年的 6 架中国飞机飞行时长超过 7600 小时，而且中国企业正在建设升级尼泊尔的 3 个机场，其中，作为尼泊尔唯一的国际机场——特里布万国际机场，跑道等设施陈旧，雨季期间经常出现问题并造成险情[①]。为此，中国公司对其进行升级改造，势必将其打造成中尼两国“一带一路”合作的精品工程。通过努力，中尼两国每周客运航班已增加至 49 班，这些成果大大增加了尼泊尔旅游人数，为尼泊尔的经济发展作出了突出贡献。

中国大力支持尼泊尔航空业的发展，作为尼泊尔唯一国有航空公司的尼航，其用于国内航线的小飞机 2/3 来自中国。2014 年 8 月，西藏航空有限公司与尼泊尔雪人环球投资公司共同投资成立了喜马拉雅航空公司（喜航），这是中国在尼泊尔民航领域最大的投资项目，喜航也是尼泊尔第一家与外国合资的航空公司。喜航自成立以来接连获得好评，不仅服务态度良好，而且票价低廉，与其他航空公司相比，票价低了 20%左右，深受广大务工人员的喜爱。低廉的票价、飞行的安全性和飞行时间的缩短也吸引了大批的游客，带动了尼泊尔旅游业的发展[②]。

2020 年 6 月 28 日，喜航与中国华为公司在尼泊尔首都加德满都签署云战略合作备忘录，促进公司紧跟数据化潮流，建设智慧航空，为中尼建设跨喜马拉雅立体互联互通网络、“一带一路”作出贡献。2020 年，新冠肺炎疫情的暴发给民航业造成了巨大冲击，但是“客改货”这一举措所发挥的重要补充作用，使航空货运成为我国航空业新的增长点。

根据《援巴基斯坦瓜达尔新国际机场项目可行性研究报告》，2019 年 3 月，启动了瓜达尔新国际机场项目的奠基仪式，但还没有正式开工建设。瓜达尔新国际机场位于瓜达尔市东北方向 26 千米处，计划建设的跑道长度为 3658 米，跑道宽度为 60 米，规划目标年为 2035 年，远期为 2060 年。

中国在基础设施的多个方面都对南亚国家进行了积极的援助，中国坚持发展成果共享的理念，坚持让周边国家与地区享受更多的发展红利。中国对印度、尼泊尔的主要交通援建项目如表 2-5 所示。

①② 资料来源：中国一带一路网。

表 2-5　中国支援印度、尼泊尔的主要交通基础设施项目

国家	印度	尼泊尔
项目	2016 年 8 月中印合资的中车先锋（印度）电气有限公司正式投产，生产轨道交通装备 2016 年上海隧道股份承建印度最大城市孟买地铁 2017 年上海隧道股份承建印度首都新德里机场快线	2016 年，中铁十四局实施阿尼哥公路长期保通项目；2019 年中企承建尼泊尔纳拉扬加特—布德沃尔高速公路 中尼全面开展航空领域合作项目：2014 年 8 月中尼企业共同投资创立喜马拉雅航空公司；中国公司承建尼泊尔特里布万国际机场跑道和滑行道升级改造项目。2019 年中资援建尼泊尔博卡拉国际机场项目

资料来源：中国一带一路网。

2.2.4　能源设施建设情况

能源是当代社会发展的基础，能源基础设施建设是加强现代新能源应用的基石，2011 年以来，在中国对外直接投资中能源行业一直高居榜首，到 2014 年能源行业仍然高居榜首，而且投资金额较 2011 年增幅巨大。中国支援建设印度、尼泊尔能源设施项目，包括水电站、风电设施、油电厂、变电站等（见表 2-6），通过技术、资金援助，南亚各国的能源设施愈加完善。目前印度在经贸领域尤其是在信息、铁路基础设施、产业园区、清洁能源、科技、航天、金融等领域大幅加强印中两国的合作。尼泊尔在中国的支持和帮助下，进行跨喜马拉雅立体互联互通网络建设，极大地促进了尼泊尔基础设施的建设。

表 2-6　中国支援印度、尼泊尔的主要能源设施项目

南亚	印度	尼泊尔
项目	2016 年大连万达承建印度北部哈里亚纳邦工业区 2017 年特变电工能源（印度）有限公司投资建设位于古吉拉特邦巴罗达市以生产电力为主的中国产业园	2017 年中国企业开发建设运营上马相迪 A 水电站 2018 年中企承建尼泊尔中部光缆骨干网项目 2018 年尼泊尔正式接入中国宽带网络 2018 年 5 月引入铺建加德满都—吉隆铁路项目 2018 年 9 月葛洲坝集团兴建布达甘达基水电站

资料来源：中国一带一路网。

电力能源是社会快速发展的羽翼，不论是产品生产、产品运输还是人民的日常生活，各个环节都离不开电，南亚七国 2005~2014 年人均耗电量的具体数据如表 2-7 所示。

表 2-7　2005~2014 年南亚七国人均耗电量　　单位：千瓦时/人

年份	印度	马尔代夫	孟加拉国	尼泊尔	巴基斯坦	不丹	斯里兰卡
2005	468.0258	0	176.0773	77.065	444.5865	0	400.1026
2006	509.2141	0	196.9399	83.82344	466.2284	0	403.0773
2007	541.7384	0	206.1049	87.63358	459.5606	0	420.3196
2008	561.2476	0	207.5269	83.47528	422.0648	0	426.3915
2009	598.4982	0	226.0479	96.93666	436.6827	0	425.1247
2010	640.3946	0	247.2634	102.5424	442.1801	0	459.6842
2011	696.8422	0	265.6394	115.8222	432.5829	0	502.1406
2012	723.2355	0	283.4622	120.8972	427.848	0	524.3084
2013	764.1987	0	301.9612	136.6377	457.8148	0	525.7226
2014	804.5142	0	320.2042	146.4679	447.501	0	531.0906

资料来源：中国一带一路网。

从表 2-7 可以看出，由于不丹与我国尚未建交，因而数据难以获取。从已有数据可以看出，自 2013 年“一带一路”倡议提出以来，各国人均耗电量均有所上升，而且印度的人均耗电量是所有南亚国家中最多的，是孟加拉人均耗电量的两倍还多。

巴基斯坦一直存在能源短缺、电力供应不足等问题，严重制约该国经济的发展。因此能源领域是中巴经济走廊建设的重中之重。2015 年 4 月，巴基斯坦政府私营电力和基础设施委员会（PPIB）正式批准瓜达尔港 300 兆瓦燃煤电站项目，宣称该项目的实施将为瓜达尔这一战略地区提供充足和可靠的电力供给，该项目由中国交建公司投资建设，并已经列入中巴经济走廊框架中①。萨希瓦尔燃煤电站 1 号机组投产发电，不仅在一定程度上解决了巴方当地的就业问题（创造了 3000 个就业岗位），而且使大约 100 万当地民众受益。与此同时，联合能源在中巴两国政府的大力支持下，设计规划并投资开发了吉姆普尔风电项目，该项目总装机 500 兆瓦，总投资 13 亿美元。该项目的资金由国家开发银行提供，一期项目 EPC 总承包给葛洲坝集团②。自 2013 年以来，巴基斯坦政府一直致力于解决电力短缺问题，2017 年底彻底解决停电问题，并且随着风力发电设施的建设，预计电力还会有剩余。2019 财年，我国对巴基斯坦直接投资 5.5 亿美元，同比下降 70%，但仍连续六年保持巴基斯坦第一大投资来源国③的地位。目前，能源、电力、钢铁等能源产业国内产能优势明显且成为投资热点领域，我国多家企业同巴方在这些领域达成合作意向（见表 2-8）。

表 2-8　2019 年中国和巴基斯坦新签重点承包工程项目④

项目名称	企业名称	合同总额（亿美元）
达苏水电站机电设备成套项目	中国电建中南院	3.1
默赫曼德水电站项目	中国葛洲坝集团第三工程有限公司	19.4
塔尔煤田Ⅱ区块 380 万吨露天矿运维项目	中国机械设备工程股份有限公司	2.2
默拉直流输电工程换流站运维项目	中国电力技术装备有限公司	6.4

2.2.5　通信设施建设情况

随着信息技术的发展，谁能掌握更多的信息，谁就更有可能获得胜利。在如今的大数据时代，信息就意味着机会，因而经济的飞速发展是离不开通信设施建设的。南亚国家由于经济落后、地理位置限制等原因，信息技术发展落后，与发

①② 资料来源：中国一带一路网。
③④ 资料来源：《中国对外承包工程国别（地区）市场报告 2019-2020》。

达国家差距甚大，因而南亚国家要提升经济必须先行建立通信设施，再大力发展现代信息技术，进而带动整个社会的发展。

数字信息的互联互通能促使物流体系以及基础设施互联互通发挥更大效用，加强与沿线国家的合作，为相关国家的经济增长提供新动能。联合国数据库、世界银行数据库的数据显示，近年来印度、尼泊尔的互联网普及率、移动互联网使用率连年提高（见表2-9）。在针对印度客户的中国跨境电商里，Club Factory的销量是最大的，超过80%以上的卖家来自中国，其产品均销往印度①。随着跨境电商的快速发展，以跨境电商为代表的新型贸易形式有望成为中国对外贸易乃至整个经济社会发展的新助力。

表2-9　南亚国家互联网普及率、移动互联网使用率

国家	印度		尼泊尔		不丹	巴基斯坦	孟加拉国	斯里兰卡	马尔代夫
年份	移动互联网每百人使用率（%）	互联网普及率（%）	移动互联网每百人使用率（%）	互联网普及率（%）	互联网普及率（%）	互联网普及率（%）	互联网普及率（%）	互联网普及率（%）	互联网普及率（%）
2005	8.00	2.39	0.90	0.83	3.85	6.33	0.24	1.79	6.87
2006	14.52	2.81	4.51	1.14	4.52	6.5	1	2.54	11.04
2007	20.16	3.95	12.60	1.41	5.92	6.8	1.8	3.88	16.3
2008	29.53	4.38	16.00	1.73	6.55	7	2.5	5.8	23.2
2009	44.12	5.12	21.09	1.97	7.17	7.5	3.1	8.78	24.8
2010	62.39	7.50	34.25	7.93	13.6	8	3.7	12	26.53
2011	73.20	10.07	49.18	9.00	14.4	9	4.5	15	34
2012	69.92	12.58	60.45	11.15	15.6	9.96	5	18.29	38.93
2013	70.78	15.10	76.85	13.30	22.4	10.9	6.63	21.9	44.1
2014	74.48	21.00	81.87	15.44	30.3	12	13.9	25.8	49.28
2015		17.00		17.58	39.8	14	14.4	12.1	54.46
2016		22.00		19.69	41.77	12.39	18.02	16.4	59.09

① 资料来源：https：//www.cifnews.com/article/49508。

续表

国家	印度		尼泊尔		不丹	巴基斯坦	孟加拉国	斯里兰卡	马尔代夫
2017		34.45		34.00	48.11	15.51	15	34.11	63.19
2018		35.00					52.77		
2019		40.00					55.00		

2018 年中尼光缆建设项目建成开通，同年 1 月 12 日，尼泊尔正式通过中国的线路接入互联网，这是“一带一路”倡议下进行基础网络互联互通拓展的重点项目，同时也是尼泊尔互联网基础设施建设与完善的一个重要里程碑①。

巴基斯坦在“一带一路”倡议下率先开展建设，当地企业积极地吸取借鉴其他国家优秀企业的管理经验，紧跟潮流积极进行企业数字化、智能化建设。“一带一路”是真正意义上有助于沿线国家发展的倡议，巴方人民的生活水平、生活质量得以提升，人们的沟通方式、购物习惯、生活追求等都发生了翻天覆地的变化。数字化不仅在技术层面改变了我们的生活，更是在各类公共设施方面改善了巴基斯坦的民生。

2.3 南亚各国基础设施互联互通建设存在的问题

建设“一带一路”为中国向外发展带来了前所未有的机遇，同时我们也要看到，虽然南亚国家的基础设施建设水平随着各国融入“一带一路”程度的加深而有所提高，但南亚的基础设施及配套依然存在许多问题。整体而言，南亚的基础设施与其他地区相比偏弱，南亚想要追赶其他地区的发展高度，必须加大本国基础设施的建设力度，增强与其他地区的联通度。

① 资料来源：中国一带一路网。

2.3.1 南亚基础设施互联互通整体偏弱

“一带一路”倡议的提出带动了许多地区的发展，但是“一带一路”沿线地区大部分远离国家政治、经济、文化中心，一般位于国家边境地带，发展时间较长，发展后劲不足，这一系列问题都导致“一带一路”沿线地区发展缓慢。

（1）非金融类直接投资数量偏弱。根据国家统计局的数据，2018 年中国实际利用亚洲的外商直接投资金额为 1070.1 亿美元，其中实际利用南亚八国外商直接投资额为 5076 万美元，占亚洲总利用外资额的比例极低。2019 年，中国企业对外进行非金融类的直接投资总额当中有 150.4 亿美元投放于“一带一路”倡议所涉及的周边 56 个国家，其大多数投资流向新加坡、越南、老挝、印度尼西亚、巴基斯坦、泰国、马来西亚、阿联酋、柬埔寨和哈萨克斯坦等国家①。由此可见，相较于东南亚等区域来说，无论是利用南亚外商直接投资，还是中国对南亚的非金融类直接投资，数量整体偏少。

（2）海陆空基础设施互联互通有限。南亚国家多为发展中国家，有的国家甚至为落后国家，经济发展水平有限，诸多基础设施承载力有限，配套设施落后，公铁路况不佳，运输危险性高、成本大，而且运输时间过长，许多生鲜产品的运输受限，严重阻碍了保鲜时间较短的产品的运输。至于航运，由于机场设施落后、飞机数量少，跨境飞行首先需要高质量的飞机、完善的机场配套基础设施作为基础；另外，中国与南亚之间的地理环境具有复杂性，飞行难度大，因此还需要成熟的机组人员作为安全保障。海运的可能性则因为尼泊尔、不丹是内陆国而变得极低，而且中国与南亚国家的边境线均为陆路，因而海运的运输能力、国家间的联通性有限。

① 资料来源：国家统计局 wap.stats.gov.cn。

2.3.2　国别通道建设不均衡

南亚七国由于经济、文化、宗教、地理环境等因素，各国通道建设并不均衡。各国国内基础设施落后，配套设施不完善，各国之间由于内、外部因素的双重作用，经济发展水平不同，公共设施完善程度各有差异，加之各国地理位置的差异，在与外界联通方式的选择上各有特色，基础设施的建设也各有偏重。

2.3.2.1　印度

随着亚洲区域经济一体化发展，印度也在加强基础设施建设力度，但是由于多种因素，印度的互联互通目前仍处于初级阶段，需要加大投资力度，增强发展后劲，激发其内在潜力。印度目前对外联通以陆海交通基础设施为主，其中海上交通涵盖了航线、港口以及河道水运运输；陆上交通则囊括了跨境公路和跨境铁路两种类型。印度高度重视海运发展，其海港建设、航线发展、内陆水道相对较发达，同时积极拓展海外航线，积极参加其他国家的海港建设，印度的内陆水道与尼泊尔、不丹和孟加拉国互联互通，有助于南亚国家内部贸易的发展。总体来说，印度依靠其海港形成了联结全球的海上线路。

印度与其国土毗邻的相关国家主要通过跨境公路与跨境铁路两个方面进行基础设施的建设合作，实现双方互联互通，所涉及的国家有七个，分别是中国、孟加拉国、尼泊尔、不丹、巴基斯坦、阿富汗和缅甸。具体联通情况如表 2-10 所示。

表 2-10　印度与陆上接壤国家跨境公路和跨境铁路情况

国家	跨境公路	跨境铁路
中国	公路运输上能够到达印度的亚东口岸和普兰口岸：亚东口岸是印度与中国陆上联通的主通道；普兰口岸的条件相对较差，跨境公路年久失修	

续表

国家	跨境公路	跨境铁路
孟加拉国	印度构建了与孟加拉国、不丹、尼泊尔的互联互通合作机制。该四国于2015年6月共同签订了《规范四国间旅客、人员及货运车辆往来的机动车（跨境运输）协议》。2016年9月，印度在对四国公路基础设施互联互通项目中计划投入10.4亿美元来支持该项目的建设	印孟有两条跨境铁路线路：一条是从印度的加尔各答市直通孟加拉国达卡市的“友谊专线”；另一条从印度的加尔各答市至孟加拉国的库尔纳市。此外，在目前印度与孟加拉国之间进行的跨境铁路建设当中，包括阿加尔塔拉与阿库拉之间长约150千米的地标性铁线
尼泊尔		涉及印尼两国的跨境铁路联通路线目前有两条：一条是从印度的拉克绍尔到尼泊尔的比尔甘杰的6千米长的铁路，第二条是从印度的杰伊讷格尔到尼泊尔的贾纳克布尔的28千米长的铁路 2018年4月，印度与尼泊尔达成了另外三条跨境铁路线路的合作意向
不丹		印度与不丹尚无建成的跨境铁路，但印度西孟加拉邦正建设通往不丹彭措林的一条长约18千米的铁路
巴基斯坦	印度与巴基斯坦两国之间的首条公路客运线路于1999年开通运行，该路线从印度首都新德里到巴基斯坦拉合尔；第二条公路客运线路在2005年得以开通运行，此路线是从印控克什米尔首府斯利那加到巴控克什米尔首府穆扎法拉巴 在2005年签署了两条新的客运联通协议，分别从印度城市阿姆利则至巴基斯坦城市拉合尔、阿姆利则至巴基斯坦楠卡纳萨希卜	目前印度与巴基斯坦已有两条线路：一条是德里至拉合尔的铁路，长约52千米；另一条是焦特布尔至卡拉奇的铁路，长约381千米，该条路线于2006年正式开通运行
阿富汗	印度与阿富汗、伊朗围绕恰巴哈港共同签订了《建立恰巴哈运输与过境走廊的三方协定》，并且恰巴哈尔至扎黑丹的高速公路于2017年建成完工	
缅甸	在2001年正式建成进行运营通车的印缅友谊路连接了莫雷—德穆—卡莱姆—卡莱瓦。目前，印度、缅甸、泰国三国正合作修建印缅泰跨境高速公路	目前处于正在建设吉里巴姆至英帕尔的铁路路线

资料来源：杨文武，易鑫《印度陆海交通基础设施对外互联互通的现状及问题》。

2.3.2.2 尼泊尔

尼泊尔与中国陆上联通以跨境公路为主，通过口岸进行跨境运输。目前，尼泊尔同中国、印度、巴基斯坦、泰国、孟加拉国、文莱、新加坡、中国香港、阿拉伯联合酋长国、德国和英国等国家和地区实现了通航。

2.3.2.3　巴基斯坦

巴基斯坦政府在《2030 年远景规划》中确立了“使铁路成为国家主要运输形式、运输系统逐渐盈利、有力促进国家经济发展”的目标。NHA 于 2009 年制定“十年投资规划”，计划在 2020 年前新修和改扩建 8 条高速公路、4 条国道，提高全国公路密度，提升道路运行速度，降低车辆运行成本，确保道路故障大幅减少。

中巴经济走廊自 2015 年 4 月正式启动以来，推动中巴经贸合作走向一个全方位开放的新时代。与此同时，巴基斯坦的对外联通也有了质的飞跃。

2.3.2.4　孟加拉

为拉动旅游业增收和提高货物的吞吐能力，孟加拉计划对主要机场进行升级改造，在疏浚清淤等内河运输方面增加投入。中国与孟加拉国于 2019 年 7 月签署了《中华人民共和国商务部和孟加拉人民共和国财政部关于建立投资合作工作组的谅解备忘录》，共建中孟两国投资合作新机制。在此之前，中孟两国签署了网络建设框架协议、基础设施合作协议等，同时发表了《中孟联合声明》，双方就推进孟中印缅经济走廊加强沟通与协调，推进走廊建设取得实效达成共识。

我国和孟加拉国基础设施合作不断推进的同时，我国企业承担的一批孟加拉国基础设施建设项目均在有序推进，包括卡纳普里河河底隧道项目、单点系泊项目、发电厂项目、孟加拉国政府基础网项目等，对促进孟中印缅经济走廊建设、完善亚洲公路网和促进孟加拉国与周边国家的互联互通打下坚实基础。

2.3.2.5　马尔代夫

马尔代夫允许外国投资者参与基础设施投资，包括电力、垃圾处理等利于民生的项目。其希望国内外重点在旅游、基础设施、房地产开发、渔业加工、金融、清洁能源、环境保护、医疗卫生等领域进行投资。

2.3.2.6 斯里兰卡

斯里兰卡电力局制定了“最低成本长期电力扩张计划 2018-2037”，希望以最低成本满足全国电力需求，彻底解决长期困扰民众的电力供应问题。其基于自身地缘优势，致力于打造航空、航运、旅游和商业、能源和经济五个中心，发展成为连接东南新经济体、中东产油区、非洲新兴经济体和西方发达经济体的区域经济中心。

总体来讲，基于目前所倡导的“一带一路”倡议的基本建设方针，我们不难发现，南亚各国对外联通通道的建设参差不齐，制约因素也各不相同。同时也意味着南亚七国基础设施建设还有广阔的潜力市场有待发掘，但是投资商要因地制宜，提前做好可行性研究，避免出现较大的损失。

2.3.3 通关效率不高

跨境运输的重要一环就是货物通关效率，通关效率对于跨境货物的销售至关重要，但是由于各国海关对于各类货物的通关标准不同，导致货物在不同国家之间运输时会出现一国允许通关，而另一国不允许通关的情况，国家之间对于同一种货物没有制定统一的过关标准，导致通关效率的严重低下。

从目前我国 11 个自贸试验区地区的分布来看：东部省份有上海、浙江 2 个；南部省份有广东、福建 2 个；北部省份有天津、辽宁 2 个；中部省份有河南、湖北 2 个；西部省份有陕西、重庆、四川 3 个。从西部设立的自贸区来看，重庆重点推进“一带一路”和长江经济带联动发展，四川将推动内陆和沿海沿边沿江的协同开发，陕西则侧重“现代农业”。但在与南亚经贸往来的策略上，基本没有任何实质性举措。

在口岸建设方面，目前西藏面向南亚开放的有 21 个边境县以及 104 个边境乡。其向印度、尼泊尔和不丹针对性地开放了樟木、普兰、吉隆、日屋、亚东 5 个国家一级、二级陆路口岸，并形成 312 条对外通道口岸，其中有 44 条常年性通道、268 条季节性通道。通往尼泊尔的通道有 184 条，通往印度的有 85 条，通往缅甸的有 5 条，通往克什米尔地区的有 12 条。未来西藏将分层次完善各口岸建设：科学恢复樟木口岸货物通道，完善提升吉隆口岸和拉萨航空口岸功能，提升普兰口岸开放水平，推动日屋、里孜口岸对外开放，重点将吉隆口岸打造为中国面向南亚对外开放的自贸试验区。2017 年 8 月，西藏人民政府新闻办公室宣布中尼吉隆—热索瓦口岸正式对第三国开放，成为国际性口岸。今后中国西藏将致力于加强和尼泊尔在经贸、人文、旅游等方面的合作，以此积极推动双方的共同发展，实现双方经济的增长。

综上所述，虽然南亚国家基础设施较为落后、配套设施不完善，但是随着面向南亚基础设施互联互通立体网络的全面建设，将逐步打造出中国西部面向世界的重要国际通道。“一带一路”倡议实施以来，以修建中尼铁路为支点，逐步完善中尼两国跨境物流基础设施初期重点建设内容，从而让西藏更好地融入“一带一路”共建。届时，西藏作为连接东亚与南亚唯一的陆路口岸，其地理优势逐步凸显，成为我国通往南亚 、印度洋的“桥头堡”，加速融入“一带一路”建设、“环喜马拉雅国际经济合作带”建设，对西藏经济社会的长足发展和长治久安将具有重大意义。

2.4　中国面向南亚基础设施互联互通的优劣势分析

从前期的研究发现，通过比较四川、青海、西藏三个省份的区位优势、战略规划、经贸实践等，发现三省份在融入“一带一路”面向南亚开放上有趋同点，但优势和劣势差异也很明显。因此，我们建议把川青藏地区作为一个整体与南亚国家展开次区域经贸等各项合作，通过构建跨境物流系统对川青藏地区进行战略重组和资源整合，避免各自为战，发挥三地在南亚战略中的整体优势。

2.4.1 西藏参与基础设施互联互通的优劣势

在“南亚大通道”建设当中，西藏自治区积极参与并体现的主要优势有以下几点：

第一，地缘优势。从云南、新疆进入南亚区域的距离以及便利性来看，从西藏樟木或吉隆口岸进入尼泊尔到达印度洋，或者从西藏亚东进入印度加尔各答、孟加拉的吉大港到达印度洋都更具有优势。再加之 2014 年青藏铁路延伸线——拉日铁路建成通车，西藏对外开放的区位优势进一步凸显。经西藏通达孟加拉湾，建立经我国内陆直通印度洋的陆路通道，共同实现“环喜马拉雅经济合作带”“印中孟缅走廊”“中印尼不走廊”建设，以促进我国西南边陲与南亚国家的关系和睦和经济交往。

第二，文化交流优势。历史上西藏作为南方丝绸之路、唐蕃古道、茶马古道段的重要参与者，与接壤的印度、尼泊尔、缅甸、不丹等国家有着密切的经济、文化交流。

西藏参与“南亚大通道”建设的明显劣势与不足大致归为以下四个方面：

第一，缺乏经济发展动力。与其他相邻的边境省份相比，西藏的经济表现为整体发展不足、发展水平低、发展不均衡。目前西藏满足自身需求的物资还需要从内地输送，同时受经济发展条件的限制、地理位置的偏远以及出于保护环境的需求，西藏无法大规模发展具备竞争实力的工业产业和制造业，因而无法满足周边国家区域对各种物资的需求。

第二，工业化发展水平不高，企业数量少、规模小。一方面，西藏产业结构受地域环境的限制，以第一产业为基础，旅游业为主导产业，缺乏工业化带动经济发展的基础和条件，因而也就决定了在藏发展的企业数量和规模都不足。另一方面，相比南亚国家，西藏企业涉及的高端科学技术水平不足。

第三，财政资金支持有限。由于西藏整体的经济发展水平较低，西藏地方政府没有足够的财政储备，这就导致仅靠地方政府的财政投入无法满足当地的经济发展活动。因此，在发展西藏经济支出的财政当中有 90%是中央财政转移支付的，其地方经济发展项目主要靠中央和内陆省市的援助，无力支持“南亚大通道”建设项目。因而西藏的地方金融业不发达，不具备大规模融资的能力。

第四，人才储备不足。到目前为止，西藏教育事业虽然有了长足发展，但仍存在很多问题，如基础教育质量较低、高等教育结构不合理、职业教育环节比较薄弱、创新人才匮乏等。受西藏气候、环境的限制，人才难以引进，引进人才因各种原因难以留下。

2.4.2　青海参与基础设施互联互通的优劣势

青海参与“南亚大通道”建设的主要优势有以下四点：

第一，地理区位优势。相对西藏而言，青海是沿海到内陆和西藏之间的连接点，是内陆进藏门户。特别是在青藏铁路开通后，青海作为起点省，在促进青藏两地的经济发展中所起的纽带作用日益显现。青海可依托青藏铁路以及青藏公路的传输和承载作用，并通过西宁、格尔木、拉萨的发展来大力驱动西藏的经济发展活动。在“南亚大通道”建设中，青海成为内陆面向南亚国家传输物资、人才等的交通要塞和集散地。

第二，产业发展的比较优势。青海具有较多的优质自然资源，涵盖了矿产、太阳能、高原特色动植物等，而且其在优质资源的基础上形成了盐湖钾肥、光伏产业、有色金属、高原特色农牧加工业等特色产业体系，在矿产开采冶炼加工方面也具有独特的优势。其与中亚、南亚一些国家的气候、资源结构较为相似。因此青海与南亚未来的合作开发潜力巨大。西藏同样拥有丰富的矿产资源，但是由于特殊的地理环境，开采及冶炼加工有较大困难。另外，青海在藏毯、藏药生产领域具有优势。青海将这些产业发展优势顺利融入“一带一路”建设中，为加快与周边省份及南亚沿线国家的合作提供资源保障。

第三，民族文化优势有利于区域沟通，维稳意义重大。青海是除西藏之外的第二大涉藏地区，与西藏在历史文化、经济社会等方面形成紧密的联系，这十分有利于西藏和青海以及之间区域形成相互合作发展的历史、经济、文化圈。青海和西藏与南亚的印度、尼泊尔等国在经济文化的交流中具有明显的民族文化优势。同时，青海涉藏地区的稳定对青藏地区经济社会的发展有着至关重要的作用，在与南亚国家的交往中，青藏地区的长久治安和稳定也同样具有举足轻重的作用。

第四，民间合作为南亚地区进行交流合作奠定了坚实的基础。最早与南亚地区进行民间经济交往是在 2009 年，当时的经济贸易往来是在西宁与尼泊尔的商人之间。此后西宁市东关、湟中等地区逐渐展开与尼泊尔在饰品、唐卡、佛像等宗教文化旅游商品之间的贸易。同时，在旅游业合作方面，西宁与尼泊尔双方的地方旅行社也开展了旅游客源互换等方面的合作。青海的民间商人与尼泊尔民间商人之间开展的经济文化的交流，对南亚大通道建设起到了重要的基础性作用。

青海参与“南亚大通道”建设的主要劣势有以下几点：

第一，青海对外贸易整体规模小。从近几年青海省进出口贸易总额的统计数据来看，青海的对外贸易规模偏小，进出口产品结构简单，而出口产品也主要以资源性、高耗能、劳动密集型产品为主，技术含量和附加值都不高。出口企业缺乏国际市场的竞争力，盈利能力低下，这就会制约同南亚国家对外贸易往来的进一步发展。

第二，青海对外贸易市场主要面向东南亚和西亚等国家和地区，与南亚国家的贸易往来较少。从目前来看，青海的贸易出口主要集中在日本、中国香港、巴基斯坦以及韩国等地，2013 年青海对以上几国的出口额占全省出口总额的 46.6%。出口结构的单一化，不利于青海的对外贸易市场多元化发展，同时也表明青海在“南亚大通道”建设中还有很高的市场发展潜力。

第三，产业发展带动能力不高，产品结构趋向低端化。青海省内各产业很难形成达到规模经济状态的产业集群，导致企业生产成本高，同时缺乏技术创新的资本和人才，因而难以在“南亚大通道”建设中独立承担主导作用。

综上所述，随着青藏铁路运载能力的不断提高，青海利用自身的优势，依托“南亚大通道”建设带来的发展机遇，实现与西藏两省区之间的经济文化合作，实施南向发展战略，共同构建青藏高原次区域经济合作带，实现少数民族地区经济共同发展、人民共同富裕的目标。

2.4.3　四川参与基础设施互联互通的优劣势

四川参与“南亚大通道”建设的主要优势有以下三点：

第一，相较于西藏和青海，四川的经济发展实力最强。2010 年四川经济总量超过上海居全国第 8 位；2015 年超过河北、辽宁，排位跃升至全国第 6 位；2017 年 GDP 总量达 36980.2 亿元，按不变价计算是 1978 年的 44.8 倍，是中国西部地区 GDP 总量唯一过万亿元的省会城市。从地理上看，四川地处新南、北丝绸之路的交汇点，是连接我国与南亚、东南亚、中亚和西亚的地理枢纽中心，对于国际大通道、国际大物流和国际陆港枢纽的构建起到了重要作用。因此，在“南向”战略突破中，四川以其天然的地缘优势发挥着重要作用。目前四川是中国西南地区的科技、商贸、金融中心和交通枢纽，是西部地区经济发展、社会建设、对外开放程度和水平最高的省份之一，这就为“南亚大通道”建设提供了强大的经济、商贸以及运输等方面的物质和人才支持，这是其他西部省份所无法比拟的。

第二，产业发展优势和自然资源禀赋为与南亚的区域合作打下坚实基础。四川在电子信息、装备制造、能源电力、油气化工、钒钛钢铁、饮料食品和现代中药等产业具有明显优势。四川的生丝、中药材、水果等农产品以及四川家电产品等热销南亚。四川的基础设施建设经验非常丰富，便捷的交通运输业和资源极为丰富的四川旅游业都给南亚的商贸往来提供物质和技术经验支持，这也是其他西部省份所无法比拟的。

第三，未来四川与南亚的经贸合作具有广阔的发展空间。南亚是四川对外承包工程最重要的市场之一。在南亚国家中，印度是四川最大的贸易伙伴国，2015 年印度在成都设立了总领事馆，两地开设国际直航，商贸往来日益便捷（见表 2-11、表 2-12）。与孟印缅三国相比，中国四川在制造业、电力、建筑业、轻工、电子等方面具有相对优势，且经济发展水平总体高于孟缅和印度东（北）部地区。孟印缅三国拥有较丰富的自然资源和廉价劳动力，四川与孟印缅三国会形成庞大的跨区域消费需求，提高市场总容量，具有巨大合作前景。

表 2-11　2013~2015 年四川对印度出口总额①

年份	四川对印度出口总额（万美元）	占全省出口总额（%）
2013	175673	4.2
2014	137603	18.1
2015	81251	2.4

表 2-12　2013~2015 年四川对印度进口总额②

年份	四川对印度进口总额（万美元）	占全省进口总额（%）
2013	6610	0.3
2014	6280	0.3
2015	4496	0.2

四川参与“南亚大通道”建设的主要劣势有以下两点：

第一，南亚贸易额比重仍较小。从 2018 年四川主要贸易伙伴结构来看，美

①② 资料来源：四川省对外贸易统计资料。

国、东盟、欧盟和日本是前四大贸易伙伴国，四国进出口贸易额占四川全省贸易额的68.1%。而2016年四川与南亚八国的外贸进出口总额是11.28亿美元，其中，出口额为10.91亿美元，进口额是3683万美元，而四川2016年的进出口总额为410.22亿美元，即四川与南亚的外贸进出口总额占四川总贸易额的2.75%。可见南亚国家在四川对外贸易中的作用并未充分发挥。

第二，对外贸易中传统优势产业未充分发挥支撑作用。四川拥有较为齐全的工业门类，但在与南亚的贸易中未能体现其工业产业优势，支撑力不足。装备制造、生物医药、航空制造等传统优势产业在对南亚贸易中也缺乏核心竞争力，贸易值较小。四川的白酒、茶叶等特色产品受市场开拓不足等多种因素影响，在对南亚的出口中不占据优势。

第3章　中国对外基础设施互联互通建设的理论逻辑

在共建“一带一路”倡议下，基础设施互联互通对中国与沿线国家间社会经济发展具有基础性、全局性以及先导性作用，但区域经济一体化发展是否会降低国家间边界效应进而加强国家间的贸易竞争力呢？在这样的研究背景下，本章首先分析中国对外基础设施互联互通建设的条件以及作用机理。其次依据中国与南亚八国之间国家层面的交通基础设施、能源基础设施以及通信基础设施的数据，对国家间贸易竞争力的贡献力影响进行研究，结果表明通过完善的物流、能源、通信等基础设施互联互通的建设，区域经济趋同能够显著促进双边国家贸易竞争力。因此，为提升中国西南省份面向南亚国家的国际竞争力，应当进一步加大交通、能源、信息通信等设施互联互通建设，开展更高层次的国际物流合作，推进区域经济一体化进程，最终实现中国与“一带一路”沿线国家的互利共赢与共同繁荣。

3.1　中国对外基础设施互联互通建设的现实条件

3.1.1　区域协同发展是基础

设施联通是“一带一路”建设的重要基础与优先合作领域，可有效推动中国和“一带一路”国家经济要素的有序自由流动、资源的高效配置与市场的深度融合即区域一体化。优势互补、高质量发展的区域经济一体化发展布局，可发挥各地区比较优势，消除各市场间壁垒，促进生产要素在区域间合理流动和高效集聚，增强中心城市和城市群等优势区域的综合承载能力，提升其辐射带动作用。这必然要求补齐困难地区和农村地区在基础设施方面的短板，加强传统基础设施和新型基础设施投资，因此区域经济协同发展是加快对外基础设施互联互通建设的基础。

中国对南亚的基础设施投资与建设一直是“一带一路”沿线区域中较弱的板块。同时从中国内部来看，西部地区一体化程度相较于长三角、粤港澳等区域，在市场、基础设施、产业分工、城乡区域发展等方面都存在较大差距。人均 GDP 增长率的变异指标是衡量区域一体化程度的重要方法之一。图 3-1 中，数据选取了 2015~2018 年川青藏三地人均 GDP 增长率的差异，纵坐标表示四川、青海、西藏每两地间人均 GDP 增长率差异的绝对值。从图中可以看出，西藏和四川、西藏和青海之间的经济增长区是明显呈现收敛趋势的，说明利用西藏的地缘优势发展南亚经贸合作、促进区域经济协同发展是有经济基础的；并且西藏和四川、西藏和青海之间的经济收敛趋势还存在着显著的差异性：西藏和四川的经济趋同性要高于西藏和青海的，特别是在 2010 年之后，这种差异趋势更加明显；而四川和青海的经济增长呈现显著的非一体化趋势。人均GDP增长率包罗了很多信息，一定程度上可以反映经济体的经济发展阶段。从图 3-1 中三地人均 GDP 增长率变异指标的变化可以尝试推论：在长期发展进程中，西藏与四川、青海两地发生了紧密的联系，但是四川和青海的经济增长是边缘化的，并没有将三地经济发展推向更好的一体化进程。

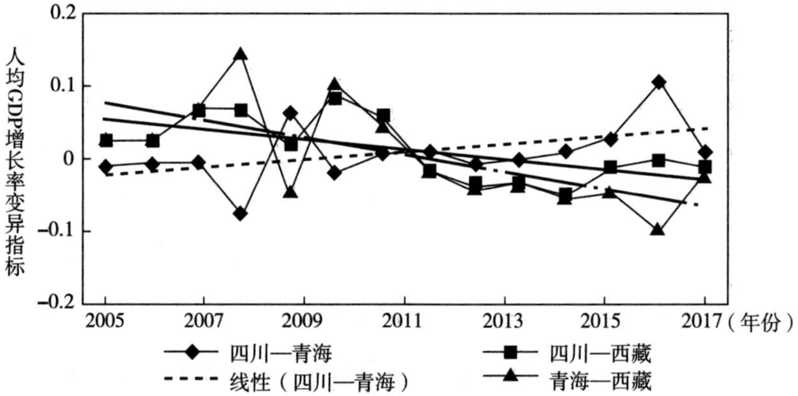

图 3-1　2005~2018 年川青藏三地经济增长趋同关系示意图

资料来源：国家统计局。

以上趋势说明：西藏利用其地缘优势发展南亚经贸合作、促进区域经济协同发展是有经济基础的。虽然西藏本身经济实力较弱，但是可以通过与四川、青海等地协同发展形成联动效应。四川、青海两省在共同面向南亚发展方面还有待完善。这从另一个方面表明，西藏在未来“环喜马拉雅经济合作带”建设中，有望成为次区域合作带建设的区位中心和发展主体。

3.1.2　区域协同发展具备的条件

本书继续以中国对南亚的基础设施互联互通建设为例，川青藏三省区在良好经济发展的基础上，以基础设施先行，建设次区域合作促进区域经济一体化发展，这对于吸引南亚各国共同参与“一带一路”建设都有极大的作用。

第一，三省经济长期发展态势良好，但四川经济发展居于领先。自 2013 年“一带一路”倡议提出，2013~2017 年川青藏三省进出口总额有很大的变化。四川在 2014 年出口总额达到 44839133 千美元，青海在 2015 年达到 1641967 千美元，西藏自 2012 年的 3355184 千美元到 2013 年的 3269050 千美元，2014 年后又有所下降（见图 3-2）。2017 年四川达到进口总额的峰值 30552628 千美元，青海在 2014 年达到进口总额的峰值 589989 千美元，西藏在 2017 年达到进口总额的峰值 430164 千美元（见图 3-3）。对比四川，青海和西藏的进出口总额的整体变化不是很明显。

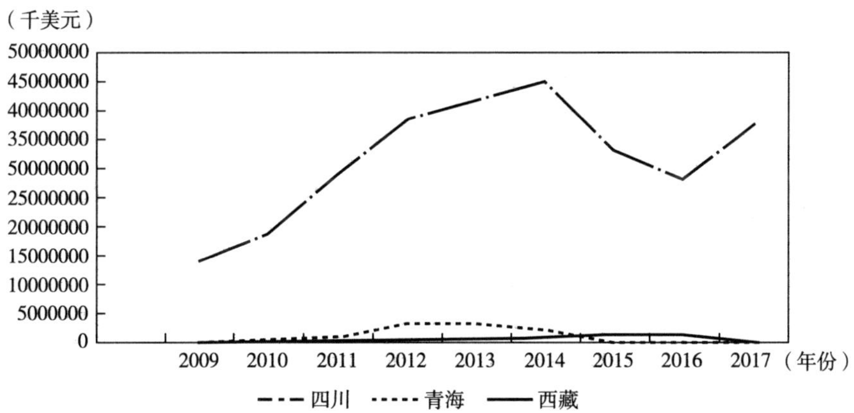

图 3-2　经营单位所在地出口总额

资料来源：国家统计局。

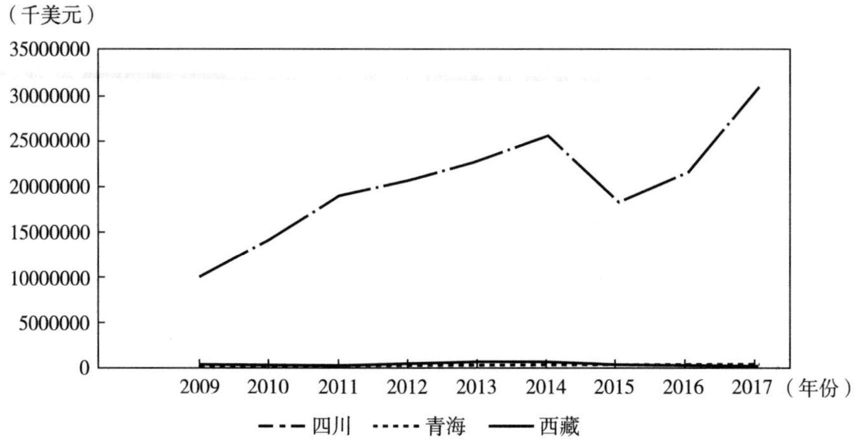

图 3-3 经营单位所在地进口总额

资料来源：国家统计局。

第二，四川、青海、西藏三省支柱产业极具优势，其中青海推动产业向区域特色转型。三省支柱产业可谓范围广、门类多，其中涌现出的特色产业在长年累月中成了各省的一张名片。除了如表 3-1 所示，四川还有川酒、川菜、川茶、川果、川戏、川丝等特色产业，四川的高端成长型企业包括航空与燃机、新能源汽车、信息安全，七大新兴产业是信息技术、节能环保、生物医药、新能源、新材料、新能源汽车、高端装备制造。

表 3-1 川青藏三省特色优势产业及产品

省份	支柱产业	特色产业
四川	电子数据信息、机械冶金制造、食物饮料、科技材料和水电能源、医药化工等	电子数据信息、机械冶金制造、食物饮料、科技材料和水电能源、医药化工等
青海	电力、盐湖化工、石油天然气、有色金属、金融业等	盐湖化工产业、锂电产业、金属合金新材料产业、光伏光热产业等
西藏	旅游业、金融业、清洁能源业、天然饮用水业、建筑建材业、矿产资源开发及深加工业培育等	高原优质特色农业和农畜产品加工业、藏医药业、特色文化产业等

资料来源：各省政府工作报告。

青海是沿海到内陆和西藏之间的连接点，是内陆进藏门户。因而青海承接了众多高原特色产品的生产和销售，是“一带一路”沿线省份中的产业发展重地。2017年青海出台《青海省丝绸之路文化产业带发展规划及行动计划（2018－2025）》，当年青海共接待国内外游客量共计3484.1万人次。此外，青海每年出口枸杞、藜麦、牛羊肉、冷水鱼等特色农牧产品以及藏毯、民族服饰等传统产品。西藏水能资源丰富，大力发展水业，有5100西藏冰川、大昭圣水、卓玛泉西藏冰川水等知名矿泉水品牌。西藏还有享誉国内外的藏医药业、民族手工业、高原绿色食饮品加工业和高原保健品加工业。

第三，川青藏三省基础设施建设不断加强，但西藏区位优势十分明显。西藏作为我国面向南亚国家的对外开放交流的重要核心枢纽和对外开放的“支点”，是党中央确定的边疆地区开发开放的重要区域，是面向南亚国家开放交流的重要通道，也是中国同孟中印缅经济走廊带的战略制高点，更是国家“一带一路”倡议的重要承载平台。拉萨作为西藏对外开放的“桥头堡”，应立足国家战略高度系统谋划物流服务体系，强化对国际贸易、国家产能合作的战略支撑和服务保障能力，打造支撑南亚大通道建设的战略支点。

从空间经济学的视角，西藏正处于中国与南亚经贸往来运输周转的中心位置。这样的位置会源源不断地从中国内陆地区吸引人员与物资经西藏流向南亚国家，那么在空间上就会形成一个综合运输网络的极值点。但可惜的是，西藏本身的经济发展不具备这样的实力来匹配区位的优势，市场需求转移到西藏的相邻省份，向北就是青海，向南则是四川。四川、青海会将资源不断输送到西藏，进而带动西藏经济的发展。本书认为西藏和青海与四川在经济增长中会出现趋同的态势。而近年来，大量的人才和资源向四川会集，四川日益成为西南地区的经济增长极，如何将西藏的地理优势、四川的经济优势发挥出来，形成“中心—外围”的结构，利用扩散效应带动西南区域经济一体化的均衡发展，进而共同参与“环喜马拉雅经济合作带”的建设，一直是政府高层以及各界专家学者致力解决的关键问题。目前国内进藏的公路有青藏公路、新藏公路、川藏公路和滇藏公路。其中青藏公路是从青海的省会城市西宁出发，川藏公路是从四川的省会城市成都出发。青藏和川藏公路极大地缩小了青海、四川与西藏的距离，促进了三省间的交流。

综上所述，自 2013 年“一带一路”倡议提出，川青藏三省各自利用区位优势，积极地参与到与南亚国家的“一带一路”国际合作中来。西藏以尼泊尔为重点方向，推进基础设施互联互通，实施边贸恢复增长和一般贸易质量的提升，建设面向南亚开放大通道并积极推进“环喜马拉雅经济合作带”建设；青海踊跃加入中巴、孟中印缅经济走廊的“一带一路”产业体系建设，全方位地从“航空运输”“陆路运输”“互联网”“能源丝绸之路经济带”“四路”协同发展，以更积极的姿态融入“一带一路”建设；四川以自贸区为核心突破口，大力发展多式联运，提升国际班列运营效能，积极参与国际陆海贸易新通道建设，推进与南向东向地区基础设施共建共享和贸易投资便利化。

3.2 中国对外基础设施互联互通建设的作用机理

3.2.1 协同合作促进区域一体化发展

川青藏三省在服务国家“一带一路”倡议中都承担着重要的责任，但三省在环境、交通、经济发展水平等方面存在较大差异。青海、西藏受落后经济发展水平的制约，产业结构不健全，因而对外贸易并不发达。在贸易总量上，青海、西藏两省与四川进、出口总额水平（见图 3-2、图 3-3）相差较远。三省如何发挥各自的比较优势实现优势互补，如何又好又快打通南亚大通道，更好地服务

“一带一路”倡议，是三省共同面临的重大问题。西藏对外贸易体量较小，仅凭一省之力无法真正打开南亚市场的对外开放，需要后方经济体的支撑。而不同省区在南亚战略上有趋同点：就地理位置而言，四川、青海、西藏三省相邻；就民族分布而言，这三省都是藏族同胞的聚居地，四川是全国第二大藏族聚居区，地处“川藏咽喉”要地。各省都有自己独特的区位优势和资源禀赋，因此我们认为西藏应当联合四川、青海两省从次区域经济合作带的角度共建中国与南亚的互联互通、对外开放与合作。

川青藏次区域合作建设可通过产品输出、跨国企业开设、项目投资与运营等方式，顺利实现南亚各国与中国互利互惠。产品进出口还会带来外溢效应：促进国与国、地区与地区间的友好往来，丰富当地文化和产品种类，带动居民国内外就业，拉动区域间的经济增长、实现增收。以基础设施先行，开通各国间的通道，对于优化营商环境、吸引投资、拉动旅游业等都有极大的作用。以中巴经济走廊为例，2017 年巴基斯坦计划委员会数据显示，该走廊早期收获项目已创造 3.8 万个工作岗位，实现 75%以上的当地就业，能源项目吸纳了 1.6 万名巴方工人和工程师就业。巴基斯坦应用经济研究中心预测，2015~2030 年开工的重大项目将带动经济年均增速提高 2~2.5 个百分点。这光靠西藏或者青海独自的力量是实现不了的，而四川有这样的经济体量，但如果没有西藏、青海在区域、交通运力上对四川经济向外输出的共享力量，四川也是无法独自实现的，因而需要川青藏三地协同合作，发挥各自比较优势。

综上所述，通过对比川青藏地区的区位优势、战略规划、经贸实践等发现，三省区在南亚战略上有趋同点，但优势和劣势差异也很明显：西藏经济实力最为薄弱，青海次之，四川最强。仅凭一省之力缺乏后方经济体支撑，无疑会加大面向南亚市场对外开放的难度。因此需要对川青藏地区进行战略重组和资源整合，避免各自为战，造成重复性建设和资源浪费。发挥三地在南亚战略中的整体优势，推动当地经济发展的同时，还能协同推进南亚大通道建设。

3.2.2 一体化发展促进中国对外经贸往来

查阅“中国一带一路网”，绘制表 3-2 南亚七国与中国进出口商品结构。除印度和不丹外，南亚五国的产业基础薄弱，对产品输入的依赖性很大。多数国家紧缺机械设备、塑料制品及其他零件。这五国对中国输出的产品也多是农副产品、手工艺品，反映出南亚几国的产业层次偏向第一、第二产业。由于各国地域的特点，中国向南亚各国进口的产品也不占少数，包括大米、皮革、艺术品等。中国对南亚各国的进出口不仅满足了双方的需求，也带动和发展了双边贸易。

表 3-2 南亚七国与中国进出口商品结构

南亚七国	中国出口	中国进口
巴基斯坦	机械设备；钢铁及其制品；有机化学品；电子设备；塑料制品等	棉纱；棉布；大米；矿石和皮革等
孟加拉国	棉花；锅炉、机械器具及零件；电机、电气、音像设备及其零附件；化学纤维短纤；矿物燃料、矿物油及其产品；沥青等；针织物及钩编织物；化学纤维长丝；机动车；聚乙烯材料及其合成品；机械制造原料等	梭织面料的服装及衣着附件；针织面料的服装及衣着附件；其余植物纤维；纸纱线及其机织物；鱼及其他水生无脊椎动物；其他纺织制品；成套物品；旧纺织品；生皮（毛皮以外）及皮草；聚乙烯材料及其合成品；光学元器件、摄像零部件、医疗器械等装备及零附件；鞋靴、护腿和类似品及其零件；油籽；子仁；工业或药用植物；饲料
尼泊尔	电话和电机电气设备及零件；非针织服装；针织服装；鞋类；机械设备及零件；苹果；羊毛及羊毛纱线；航空器及其零件；肥料；化学短纤维；其他纺织品；光学元器件；医疗卫生用品；医疗器械及其他附属设备；重工原材料制品；皮革制品；车辆及附属替换零附件；皮草制品；塑料及其制品；化学短纤维；家具等	贱金属雕塑像及其他装饰；地毯及纺织制品；医疗器具及零附件；生皮及皮革；披肩和围巾；针织制品；仿首饰；其他纺织制品；有机化学品；铜器；家具；打击乐器；木装饰品；羊毛机织物等

续表

南亚七国	中国出口	中国进口
斯里兰卡	针织物及钩编织物；电气及电子产品；机械器具及零件；钢铁；矿物燃料；棉花；塑料及制品；钢铁制品；其他纺织品；汽车及零部件等	服装；散茶；珠宝、贵金属及制品；纸纱线及其机织物；调味香料；橡胶及其制品；鞋靴和类似品及其零件；杂项化学产品；矿砂；木及木制品等
马尔代夫	机械（机器）制造器具及维修零件；马达、电气设备、电子音像设备及其零附件；车辆及附属替换零附件（轻轨等铁道车辆除外）；针织或钩编的服装及衣着附件；玻璃及其制品；皮革制品、旅行箱包、动物肠线制品；光学、照相、医疗等设备及零附件；家居用具、寝室用品等、照明灯具等、室内（室外）活动房；食用果蔬、块茎叶及根；玩具用品、游戏配件或生活运动装备及其附属零附件等	针织面料的服装及衣着附件；梭织面料的服装及衣着附件；其余衣物纺织制品、半成品、整套物品以及相关的冗沉纺织品；艺术品、收藏品及古物等
印度	—	—
不丹	—	—

资料来源：一带一路网。

3.2.3　一体化带动通道沿线区域发展

面向南亚加快“一带一路”倡议的建设，四川、西藏和青海三省以基础设施建设为桥梁和抓手，实现了经济社会的全面发展，打造了“要致富先修路”的西南一体化版本。

四川大力推动产业转型升级，狠抓基础设施建设。2018 年加快实现 68 项大中型水利工程建设；在铁路建设方面，川藏铁路从成都到雅安路段、从成都到浦江路段于 2018 年 12 月 28 日开通运营；在公路建设方面，四川共建成全长 7238 千米的高速公路，包括巴中到陕西的巴陕高速公路、雅安到康定的雅康高速公路等。雅康高速公路是由四川盆地地区向青藏高原区域的延伸。由于道路运输网的不断改造升级，四川在“一带一路”沿线的众多国家中以及其他相关地区的贸易进出口实现了 28%的增长。四川高速公路的建设对于整个西部的交通运输网结构的延伸有着无可比拟的重要意义。2019 年四川政府工作报告提到：2019 年要扩大开放合作、建设开放大通道、抓好对外经贸。在党中央以及政府相关文件背景下，借鉴长江经济带相关发展的经验，四川积极融入国家提出的“一带一路”倡议，深入开展“一带一路”的建设，为“一带一路”建设提供良好的保障。通过积极加强同国家典型示范区的学习交流合作，四川产业实现了转型升级。在积极推动四川南向和四川东向地区的基层技术设施建设上，加快建设成都铁路港、泸州港成为我国国家开放口岸，做到区域间互惠互利，基层建设共享共用。在铁路建设方面，加速省内铁路运输建设，例如：加速推进建成成都—南充—达州—万州的高速铁路，这是全国铁路网中的“八纵八横”中沿江通道的重要构成部分。其次，加快成都—自贡—宜宾的高速铁路建设，该铁路是京昆通道的重要组成部分。2020 年 9 月 29 日，经党中央和国务院批准，川藏铁路雅安至林芝段全方面开工。加快建成马尔康至青海久治等进出四川高速公路运输网，从而构建成都国家级国际航空枢纽，推进长江险滩和岷江航道治理，积极参与建设国际陆海贸易新通道。

青海推动产业向区域特色转型，清洁能源发电技术成果显著，不断加强基础设施建设。2018 年全年新改建农村公路 6871 千米、便民桥梁 204 座，公路通车里程达 8.2 万千米，铁路营业里程达 2299 千米。青海积极融入“一带一路”，2018 年茫崖、冷湖行委撤并设市，开始运营首列国际铁海联运班列。2019 年青海政府工作报告提出：要加快发展循环经济和数字经济，促进交通、医疗等领域的数字化应用，大力降低企业成本。在推进“一带一路”的过程中，青海积极参与中巴和孟中印缅经济走廊建设，推动陆空网能源四方面协同形成“四路”，紧抓青海—西藏国际陆路港口经济贸易平台的建设，从而推动青海省内特色产业的发展。例如，特有的光伏产业、电力产业以及有色金属等开辟出新发展道路，有利于企业“走出去”，也扩大了中国西部区域和南亚国家的产能合作。

西藏外贸情况稳中向好，在积极推进边贸合作的同时，大力推进“兴边富民”战略实施。拉萨海关在 2018 年继续深化改革，积极推进孟中印缅经济走廊的构建和中尼边境经济合作区的建设，积极融入“一带一路”南亚通道建设。2018 年西藏边境区域面貌发生了深刻变化。2019 年西藏政府工作报告提到：2019 年要全力深化供给侧结构性改革，以特色产业集聚区为抓手，推进特色产业发展和创收，并做好基层设施短板补齐工作。完善川藏铁路工程的规划建设服务，根据相关文件要求，西藏全方位推动拉林铁路段的施工建设，做好青藏铁路格拉段的电气化改造工程。此外，西藏还继续做好招商引资工作，着力解决企业融资难问题。

3.2.4　跨境商务推动中国企业“走出去”

川青藏三省有电子商务交易活动的企业数比重明显上升，2017 年四川有电子商务交易活动的企业数比重达 11.7%，青海 2016 年该比重突破 10%，西藏 2016 年该比重更是达到 17.5%（见表 3-3）。2013 年以后，川青藏三省电子商务销售额、采购额也明显上涨。2013 年四川电子商务销售额、采购额分别是 925.9 亿元、721 亿元，到 2014 年就上涨到 1562.9 亿元、1120.6 亿元。2013 年青海电子商务销售额、采购额分别是 35.3 亿元、23.8 亿元，2017 年就上涨到 133 亿元、153.6 亿元。2013 年西藏电子商务销售额、采购额分别是 33.8 亿元、19.9 亿元，到 2016 年上涨到 73.1 亿元、40.3 亿元（见表 3-4）。

表 3-3　有电子商务交易活动的企业数比重　　单位:%

年份＼省份	四川	青海	西藏
2013	3.8	2.3	3.7
2014	6.3	4	8.2

续表

年份＼省份	四川	青海	西藏
2015	10.2	8.2	12.6
2016	13.9	10.8	17.5
2017	11.7	9.1	12.4

资料来源：国家统计局。

表 3-4　电子商务销售额、采购额　　单位：亿元

年份	电子商务销售额			电子商务采购额		
	四川	青海	西藏	四川	青海	西藏
2013	925.9	35.3	33.8	721	23.8	19.9
2014	1562.9	60.4	40.2	1120.6	49.4	27.8
2015	1848.4	643.7	31.4	962	91	7.3
2016	2381.2	441.7	73.1	1228.8	449.4	40.3
2017	3687.8	133	77.6	2023.9	153.6	2.8

资料来源：国家统计局。

建立跨境电子商务业务协作平台和数据共享电子商务平台。基于中国与南亚国家签署的备忘录以及合作机制，各国引导本国企业入驻电商平台，通过信息化操作将产品和服务呈现在平台上。数据共享电子商务平台，降低电子商务企业的信息搜寻成本，帮助消费者更全面地了解供给方，帮助企业又好又快地决策。既有利于川青藏三省以及南亚几国的产品出口，也有利于带动南亚大通道沿线区域的经济发展，极大地丰富了合作区域居民的消费结构和消费内容。

3.3　中国对外基础设施互联互通建设提升贸易竞争力分析

3.3.1　提出假设

通过查阅相关文献资料可知，完善的交通基础设施可以极大地提升国与国之间的地理联系，产生专业化分工和产业集群的优势，进而通过空间聚集效应和扩散效应，促进要素在不同国家间流动和贸易往来，从而带动双边国家的经济发展。因此我们有理由相信，建设南亚大通道，能够促进中国，特别是西部地区的发展，进而实现与南亚国家的共同繁荣。综上所述，本书需要实证的有两个关键性问题：①中国西部（川青藏）地区的经济趋同发展是否更有利于促进中国与南亚国家间贸易竞争力？②中国与南亚国家间的交通基础设施互联互通与双边贸易是否存在空间溢出效应？据此本书提出两个理论假设：

假设1：中国西部（川青藏）地区的经济趋同发展更有利于促进中国与南亚国家间贸易竞争力。

假设2：中国与南亚国家间的交通基础设施互联互通与双边贸易存在空间溢出效应和边界效应，且公路、铁路、航空、港口等各变量的空间溢出效应幅度不同。

3.3.2　模型设定与变量选择

两国间距离决定双边贸易成本，而两国经济体量决定了其进出口规模，因此这两者都会影响双边国家的贸易竞争力水平。改善交通基础设施互联互通可以改善运输服务，降低边界效应，提高国家的对外出口额，这就是空间溢出效应。本书使用引力模型验证中国与南亚国家间的基础设施互联互通与贸易的问题。首先测度我国与南亚国家进出口贸易的边界效应，并将不同层次的基础设施互联互通变量引入引力模型，进而分析基础设施建设对我国与南亚国家进出口贸易中的边界效应的影响。基础模型如下：

$$trade_{ij}=f(gdp_{i,t},\ gdp_{i,t},\ D_{ij},\ Z_{ij})$$

首先，本书将贸易竞争力（$trade_{ij}$）作为被解释变量，将中国与南亚的人均GDP 增长率（$gdp_{i,t}$，$gdp_{j,t}$）、各国首都到中国首都——北京的距离（D_{ij}）作为解释变量。本书通过 Google 地图测出这一直线距离 D_{ij}，得到一般形式的引力模型（3-1）：

$$\ln trade_{i,j}=\alpha_0+\alpha_1\ln gdp_{i,t}+\alpha_2\ln gdp_{i,t}+\alpha_3\ln D_{ij} \tag{3-1}$$

本书将贸易竞争力（$trade_{ij}$）作为被解释变量，刘崇献和王晓颖（2014）将贸易竞争力指数定义为一国某商品（服务）进出口贸易的差额占进出口贸易总额中的比重。本书将 $trade_{ij}$ 核算为中国和南亚国家的进出口贸易的差额占进出口贸易总额中的比重。计算公式为：

$$trade_{ij}=\frac{i\text{ 国对 }j\text{ 国的出口}-i\text{ 国对 }j\text{ 国的进口}}{i\text{ 国对 }j\text{ 国的出口}+i\text{ 国对 }j\text{ 国的进口}}$$

$trade_{ij}$ 的取值范围为［-1，1］。当 TC 值趋近于 1 时，表明 i 国对 j 国的出口越多，其贸易竞争力越强；当 TC 值趋近于-1 时，表明 i 国对 j 国的进口越多，i 国贸易竞争力越弱；当 $trade_{ij}$ 值趋向于 0 时，表明该国对外贸易竞争实力较为平均。$gdp_{i,t}$、$gdp_{j,t}$ 分别表示 i 地区与 j 地区 2005~2018 年的 GDP 水平，D_{ij} 表示 i 国首都到 j 国首都的直线距离。

其次，将上面计算得到的四川、青海、西藏每两地间人均 GDP 增长率差异的绝对值代入一般形式的引力模型（3-1），得到验证川青藏区域经济趋同对南亚贸易竞争力的引力模型（3-2）：

$$\ln trade_{i,j}=\beta_0+\beta_1\ln gdp_{i,t}+\beta_2\ln gdp'_{j,t}+\beta_3\ln D_{ij} \tag{3-2}$$

其中：$gdp'_{j,t}=gdp_{sx}\times gdp_{qx}\times gdp_{sq}\times gdp_{j,t}$

再次，将交通基础设施互联互通的相关变量引入引力模型进行实证研究，拓展中国—南亚国家交通基础设施互联互通的边界效应引力模型。因此，在模型（3-2）的基础上，将中国与南亚国家各自的互联网普及率（$inter_{i,t}$，$inter_{j,t}$）、移动互联网使用率（$mobi_{i,t}$，$mobi_{j,t}$）、电力消耗量（$elec_{i,t}$，$elec_{j,t}$）、班轮运输连通性指数（$ship_{i,t}$，$ship_{j,t}$）、航空货运量（$air_{i,t}$，$air_{j,t}$）、铁路货运量（$rail_{i,t}$，$rail_{j,t}$）的交互项作为解释变量，再使用交互项方法研究在中国与南亚国家交通设施建设的共同作用下，班轮运输连通、铁路货运量、航空货运量对双边贸易竞争力的影响。其中 i 表示南亚八国、j 表示中国。最终构建的拓展的中国—南亚国家交通基础设施互联互通对双边贸易影响的边界效应引力模型（3-3）[①] 为：

$$\ln trade_{i,j}=\alpha_0+\alpha_1\ln gp_{i,t}+\alpha_2\ln gdp'_{j,t}+\alpha_3\ln D_{ij}+\alpha_4\ln inter_{i,j}+\alpha_5\ln mobi_{i,j}+\alpha_6\ln ship_{i,j}+ \alpha_7\ln ship_{i,j}+\alpha_8\ln port_{i,j}+\alpha_9 air_{i,j}+\alpha_{10} rail_{i,j}+\xi_{i,t} \tag{3-3}$$

边界效应主要指两国边界对跨境经济行为的影响效应，包括屏障效应和中介效应。屏障效应主要指国家边界对两国间交往的阻碍力，这种阻碍会提高各种流动要素的交易成本，因此屏障效应产生的是负面影响；而中介效应主要指两国边界即两国间交往的核心区域，具有促进国家交往接触的中介作用，因此中介效应产生的是正面影响。因此，加大国家间基础设施互联互通建设就是力促将屏障效应转化为中介效应，进而促进国家间的贸易关系，促进双边贸易量的增长。

最后，为了检验中国与南亚国家间的边界效应，以引力模型（3-3）为基础，加入边界效应影响，再将交通基础设施互联互通的相关变量加入到边界效应引力模型中，建立中国—南亚交通基础设施互联互通对双边贸易影响的拓展的边

① 其中，$\ln inter_{i,j}=\ln(inter_{i,t}\times inter_{j,t})$、$\ln mobi_{i,j}=\ln(mobi_{i,t}\times mobi_{j,t})$、$\ln elec_{i,j}=\ln(elec_{i,t}\times elec_{j,t})$、$\ln ship_{i,j}=\ln(ship_{i,t}\times ship_{j,t})$、$\ln air_{i,j}=\ln(air_{i,t}\times air_{j,t})$、$\ln rail_{i,j}=\ln(rail_{i,t}\times rail_{j,t})$。即交通基础设施互联互通解释变量采用中国与南亚国家各自的互联网普及率、移动互联网使用率、人均耗电量、班轮运输连通率、航空货运量以及铁路货运量的交互式方法处理而得到。

界效应引力模型（3-4）：

$$\ln trade_{i,j}=\alpha_0+\alpha_1\ln gdp_{i,t}+\alpha_2\ln gdp'_{j,t}+\alpha_3\ln D_{ij}+\alpha_4\ln inter_{i,j}+\alpha_5\ln mobi_{i,j}+\alpha_6\ln ship_{i,j}+\alpha_7\ln ship_{i,j}+\alpha_8\ln port_{i,j}+\alpha_9 air_{i,j}+\alpha_{10} rail_{i,j}+\xi_{i,t}+\alpha_{11} broder_{i,t}+\xi_{i,t} \quad (3-4)$$

我们仍然参考 Helliwell（1998）、Okubo（2004）等提出的计算方法，来检验边界效应的大小。边界效应 broder effect = e^{ϕ}，其中 ϕ 为 Broder 系数的绝对值。上述公式中，交通基础设施互联互通各变量含义不变，用 $broder_{ij}$ 表示：若中国与南亚国家存在陆路接壤，则取 1，反之取 0。

3.3.3 变量来源与说明

本书数据的获取来自世界银行 WDI 数据库、联合国 Comtrade 数据库、WTO 数据库以及中国国家统计局，缺失数据通过去中间平均值进行处理。考虑数据的可获得性，文中主要基于国家层面选取 2005~2018 年我国与南亚国家贸易的相关统计数值进行分析处理。各变量名、变量描述、样本数、均值、标准差都在表 3-5 中说明。

表 3-5 变量描述性统计

变量名	变量描述	样本数	均值	标准差
$trade_{ij}$	中国与南亚八国贸易竞争力	112	-0.248	0.225
$gdp_{i,t}$	南亚八国人均 GDP 增长率	112	4.042	4.777
$gdp_{j,t}$	中国人均 GDP 增长率	112	8.549	2.321
D_{ij}	中国与南亚八国首都直线距离	112	3979.2	998.4
$inter_{i,t}$	南亚八国个人使用互联网率①	112	15.12	14.29
$inter_{j,t}$	中国个人使用互联网率	112	36.19	15.81
$mobi_{i,t}$	南亚八国移动互联网每百人使用率②	112	68.60	43.29

① 个人使用互联网率=国内使用互联网人数占该国内总人口数的比值。

② 移动互联网每百人使用率=国内使用移动互联网人数占该国内总人口数的比值。

续表

变量名	变量描述	样本数	均值	标准差
$mobi_{j,t}$	中国移动互联网每百人使用率	112	69. 26	22. 74
$elec_{i,t}$	南亚八国电力消耗（人均千瓦时）	112	247. 8	250. 8
$elec_{j,t}$	中国电力消耗量（人均千瓦时）	112	3150. 8	750. 5
$ship_{i,t}$	南亚八国班轮运输连通性指数	112	16. 98	20. 2
$ship_{j,t}$	中国班轮运输连通性指数	112	149. 1	22. 3
$air_{i,t}$	南亚八国航空货运量	112	301. 9	523. 2
$air_{i,t}$	中国航空货运量	112	15712. 5	4957. 7
$rail_{i,t}$	南亚八国铁路货运量	112	9406. 7	2123. 8
$rail_{j,t}$	中国铁路货运量	112	65461. 9	2027. 6

3. 3. 4　实证结果与分析

本书采用 Stata14. 0 软件并建立 SDM 模型（空间杜宾模型），首先对模型（3-3）使用聚类稳健的标准误估计固定效应、随机效应以及 Hausman 检验，其豪斯曼检验结果如表 3-6 所示。

表 3-6　Hausman 检验结果

Hausman 检验	chi2（8）=（b-B）′［（V_b-V_B）^（-1）］（b-B） =-38. 19 chi2<0 = = > model fitted on these data fails to meet the asymptotic assumptions of the Hausman test; see suest for a generalized test 拒绝原假设，使用随机效应模型

Hausman 检验的统计结果为-38. 19，因此使用聚类稳健的标准误估计的随机效应 SDM 估计结果，对模型（3-1）、模型（3-2）、模型（3-3）、模型（3-4）进行模型回归，其系数和显著性如表 3-7 所示。

表 3-7 回归模型与结果检验

变量 \ 模型	(3-1)		(3-2)		(3-3)		(3-4)	
	Main	Wx	Main	Wx	Main	Wx	Main	Wx
$lngdp_{i,t}$	0. 0428 (1. 36)	-0. 0197 (-0. 88)	0. 0826** (2. 86)	-0. 0620** (-3. 20)	0. 0134 (0. 54)	0. 00939 (0. 52)	0. 00880 (0. 35)	0. 00786 (0. 44)
$lngdp_{j,t}$	-0. 328* (-2. 48)	0. 232*** (4. 00)						
$lngdp'_{j,t}$			0. 0116 (1. 76)	-0. 00667** (-2. 58)	0. 00332 (0. 53)	-0. 00173 (-0. 66)	0. 00350 (0. 57)	-0. 00162 (-0. 63)
$D_{i,j}$	-0. 370* (-2. 41)	-0. 0891*** (-4. 90)	-0. 501** (-3. 21)	-0. 0231*** (-4. 52)	-0. 150 (-0. 46)	0. 113*** (3. 91)	-0. 0432 (-0. 11)	0. 147*** (4. 27)
$inter_{i,t}$					-0. 237*** (-4. 97)	0. 207*** (6. 17)	-0. 233*** (-4. 76)	0. 214*** (6. 38)
$mobit_{i,t}$					0. 296*** (5. 30)	-0. 247*** (-7. 30)	0. 296*** (5. 27)	-0. 268*** (-7. 58)
$elec_{i,t}$					0. 0360** (2. 65)	-0. 0371** (-2. 95)	-0. 161 (-1. 81)	0. 158 (1. 79)
$ship_{i,t}$					-0. 149*** (-3. 53)	0. 148*** (4. 25)	0. 0172 (0. 20)	-0. 0222 (-0. 26)
$air_{i,t}$					0. 0251 (1. 75)	-0. 0326* (-2. 40)	0. 0384* (2. 27)	-0. 0445** (-3. 08)
$rail_{i,t}$					0. 0220** (3. 18)	-0. 0229*** (-3. 31)	0. 0204** (2. 92)	-0. 0196** (-2. 80)
Broder							1. 375* (2. 23)	-1. 339* (-2. 20)
rho	-0. 0848 (-1. 67)		-0. 0290 (-0. 65)		-0. 152** (-3. 11)		-0. 160** (-3. 15)	
_cons	4. 032** (3. 13)		4. 419*** (3. 36)		0. 0982 (0. 04)		-0. 978 (-0. 31)	
lgt_theta	0. 0857 (0. 15)		-0. 0418 (-0. 08)		63. 59 (.)		53. 86 (.)	
sigma2_e	0. 0285*** (5. 85)		0. 0286*** (5. 93)		0. 0164*** (6. 53)		0. 0159*** (6. 49)	
N	N=112		N=112		N=112		N=112	
R^2	0. 7270		0. 6890		0. 8818		0. 8839	

续表

模型 变量	(3-1)		(3-2)		(3-3)		(3-4)	
	Main	Wx	Main	Wx	Main	Wx	Main	Wx
Log-likelihood	43.7954		37.5761		86.1186		88.6315	

注：括号内数字为通过各种方法估计的 t 值。* 表示 $p < 0.1$，** 表示 $p < 0.05$，*** 表示 $p < 0.01$。

从模型（3-1）和模型（3-2）回归结果中可以得出，将中国的人均 GDP 增长率进行调整后，模型（3-2）相比模型（3-1）的回归系数得到显著提高。通过将四川、青海、西藏每两地间人均 GDP 增长率差异的绝对值与整个中国的人均 GDP 增长率进行相乘，使用该交互项得到的模型（3-2）更加显著。这应该是符合现实情况的。2018 年中国进出口总额为 46230.4 亿美元，其中亚洲进出口总额为 23811 亿美元，占总额的 51.5%，与南亚进出口贸易总额为 1401.4 亿美元，占全部总额的 3.03%，占亚洲进出口总额的 5.89%①。因此，不论是从国家总量上看还是从亚洲总量上看，与南亚的贸易额体量占比都比较少。而西部城市诸如四川、青海、西藏、云南等省份与南亚国家的经贸、文化往来等最为密切，因此通过使用四川、青海、西藏每两地间人均 GDP 增长率差异来调整整个中国的人均 GDP 增长率，再代入模型能显著提高回归系数的显著度。通过模型检验，推动南亚大通道的建设，能够促进中国，特别是西部地区诸如西藏、青海以及四川等省份的发展，进而实现与南亚国家的共同繁荣与经济发展。因此假设 1 成立，即中国西部（川青藏）地区的经济趋同发展能够更有利于促进中国与南亚国家间贸易竞争力。从表 3-7 中模型（3-1）、模型（3-2）回归系数来看，中国和南亚国家的经济总量对提升南亚国家的贸易竞争力产生正向的效应，且南亚国家经济总量对双边贸易竞争力产生更大的推动效应，南亚国家 GDP 每增加 1%，南亚向中国出口额就会增长 1.16%。而

① 资料来源：以上资料均来自中华人民共和国商务部亚洲司，yzs.mofcom.gov.cn/article/g/date/201901/20190102831181.shtml。

D_{ij} 系数为负，说明两国间的地理距离对贸易竞争力形成反比，两国间距离每下降 1%，南亚国家向中国出口就会增加 50%。

表 3-7 中，随机效应 SDM 模型（3-3）的回归系数分别在 1%和 5%的显著性水平上显著，因此采用 SDM 模型是合适的。反映中国与南亚贸易竞争空间的溢出效应参数 $\rho=-0.152$，且在 5%的显著性水平上显著，这就说明中国与南亚国家间贸易竞争力存在显著的空间依赖性，即对特定的国家来说，该国与中国间的贸易进出口额会受到邻近区域国家与中国贸易竞争的影响。

从表 3-7 的模型（3-3）的回归结果来看，中国与南亚国家的通信基础设施（以互联网普及率和移动互联网普及率来表示）、能源基础设施（以电力消耗量来表示）以及交通基础设施（以班轮运输连通性、航空货运量和铁路货运量来表示）对南亚和中国的贸易竞争力产生了明显的效用。

在通信基础设施建设上，中国与南亚国家双边互联网普及率 $\ln inter_{i,j}$ 的系数为负而 $W\ln inter_{i,j}$ 的系数为正，说明增加特定南亚国家的互联网普及率不利于提高该国向中国出口（反之即有利于该国向中国进口），且有利于提高邻近国家贸易竞争力水平。这应该是符合现实情况的，因为随着互联网技术的普遍应用，互联网通信设施的互联互通有利于该国跨国电子商务的发展，大大提高跨境消费，进而刺激该国进口的增长，其他国家向该国出口自然增加。而中国与南亚国家双边移动互联网普及率 $\ln mobi_{i,j}$ 的系数为正而 $W\ln mobi_{i,j}$ 的系数为负，说明增加特定南亚国家的移动互联网普及率有利于提高该国向中国出口（反之即不利于该国从中国进口），且不利于促进邻近国家贸易竞争力的提高。这也应该是符合现实情况的，因为随着移动互联网技术在该国消费者、企业层面的运用普及，信息流通速度加快进而加快该国资源要素流动，进而推动该国经济增长，并促进该国出口增加。

从能源基础设施建设上看，中国与南亚国家双边的电力消耗量 $\ln elec_{i,j}$ 的系数为负而 $W\ln elec_{i,j}$ 的系数为正，说明增加特定南亚国家人均电量消耗，即能源基础设施互联互通做得越好，对该国在与中国的贸易竞争力中越能产生更大的推动作用。这自然就会挤占邻近国家向中国的出口额。人均电量消耗每增加 1%，该国向中国出口的竞争力就增加 3.6%。从交通基础设施建设上看，水（班轮运力）、陆（铁路运力）、空（航空运力）对贸易竞争力的显著性是不一样的：班轮运力以及铁路运力更为显著，而航空运力不显著。这也是符合南亚国家现实情况的，相对空运而言，海运和铁路运输更为便宜。中国与南亚国家双边的班轮运力 $\ln ship_{i,j}$ 的系数为负而 $W\ln ship_{i,j}$ 的系数为正，说明提高特定南亚国家班轮运输联通率，有利于提高邻近国家向该国出口，班轮联通率每增加 1%，中国以及邻近国家向该国出口竞争力提高 14.9%；中国与南亚国家双边铁路运力 $\ln rail_{i,t}$ 系数为正而 $W\ln rail_{i,t}$ 系数为正，说明提高特定南亚国家铁路货运力，则在与中国的贸易竞争力中，更能推动该国向中国出口，这自然就会挤占邻近国家向中国的出口额。班轮联通率以及铁路货运力每增加 1%，该国向中国出口的竞争力就增加 2.2%。并且，相比铁路运输，班轮运输作用力更大，更有利于该国向中国出口的增长。近年来，中国不断加大参与南亚国家交通基础设施建设，如对尼泊尔航空、铁路等基础设施的援建，其目标就是实现与南亚国家的共同繁荣，实证结果也正是与这一愿景相符合的。

边界效应 broder effect = e^{ϕ}，其中 ϕ 就为 Broder 系数的绝对值。从表 3-7 的模型（3-4）看，中国与南亚国家间边界效应的系数值在 5%的水平下显著，表明双边国家间的确存在边界效应且为正，表明会提高与中国相邻国家的出口额（降低中国对该国的对外贸易出口额，即降低中国对南亚国家的贸易竞争力）。也就说明与中国有陆路接壤的南亚国家的贸易竞争力会高于与中国没有陆路接壤的国家贸易竞争力。这也就论证了 Ge、He、jiang（2014）的观点：边界效应会促进该国贸易出口额增长。进一步地，本书模型检验结果还论证：边界效应不但会促进该国向中国的贸易出口额增长，提高其贸易竞争力，同时会降低邻国向中国的贸易出口额，降低其贸易竞争力。

综上所述，引力模型（3-3）和模型（3-4）论证了假设 2 是成立的，即中国与南亚国家间的交通基础设施互联互通与双边贸易存在空间溢出效应和边界效应，且公路、铁路、航空、港口等各变量对边界效应的降低幅度不同。

3.3.5 研究结论

随着共建“一带一路”倡议的提出，近几年中国和南亚等国家无论是在金融领域、国际贸易方面，还是在基建工作中等多个方位的项目上均取得显著的成果，尤其是在“南亚大通道建设”以及“跨喜马拉雅立体互联互通网络”建设中，中国与南亚国家间区域经贸合作得以有效推动。中国西部广大地区作为与南亚国家交往的前沿阵地，西藏更是凭借自己的独特地理位置成为南亚开放的新战略支点，但研究发现，区域间发展规划缺乏统一协调，发展规划目标过大，自身能力难以实现。因此西部省份应当借助各自开放发展中的比较优势，构建区域合作机制，带动区域经济的大发展的同时更好地融入“一带一路”倡议的建设。通过实地调研和长期研究发现，川青藏地区经济增长有趋同亦有差异，但三个省份间经济趋同发展更有益于提升中国与南亚国家间贸易竞争力，更有利于推动“跨喜马拉雅经济合作带”建设。因此，夯实国内“南亚大通道”建设基础的重要一方面就是要推动川青藏次区域合作带的建设。另一方面研究还发现，中国与南亚国家间的交通基础设施互联互通与双边贸易存在着显著的空间溢出效应和边界效应，且公路、铁路、航空、港口等各变量对边界效应的降低幅度也有所不同。因此注重与南亚国家间物流、能源、通信等基础设施互联互通的建设，充分发挥中国，尤其是川青藏次区域合作建设，以及南亚国家各自的资源禀赋优势，扬长避短，从而显著促进“环喜马拉雅经济合作带”的建设，提高双边国家贸易竞争力。

第4章　中国面向南亚跨境物流的需求分析

随着跨境电商市场需求的快速增长，对跨境物流的需求也随之提高。在当前复杂严峻的国内外经济形势下，加快中国面向南亚基础设施互联互通建设，完善南亚跨境物流体系，有利于破解西部地区国际物流发展困境，带动中西部地区开发开放，为南亚沿线国家和地区创造发展新机遇，让沿线国家充分共享发展成果。因此本章在分析中国面向南亚跨境物流需求及其影响因素的基础上，提出南亚基础设施互联互通与建设跨境物流体系的具体实施方案。

4.1　中国面向南亚跨境物流建设现状

4.1.1　跨境物流干支通道

中国面向南亚建设跨境物流体系，将依托综合立体交通基础设施网络，构建以航空为先导、铁路为基础、公路为支撑、水路为辅助，形成以公铁、陆空、公铁水、公铁海等多种联运方式并行发展，衔接“一带一路”和南亚大通道，畅联国内、通达南亚新陆海国际物流大通道，支撑形成衔接内外、陆空联动的人通道发展格局。

4.1.1.1　综合交通设施网络基本形成

公路作为最广泛的交通基础设施，是衔接其他各种运输方式和发挥综合交通网络整体效率的主要支撑，在综合交通运输体系中具有不可替代的基础性作用。

公路运输是中国面向南亚国家跨境的主要运输方式。中国国家发改委和交通运输部于 2022 年 7 月 12 日对外公布了《国家公路网规划》（以下简称《规划》）。《规划》将实现了国家公路对亚洲公路网境内路段全面覆盖，与东北亚、中亚、南亚、东盟间形成多条便捷的公路国际运输大通道。目前中国境内面向南亚的公路运输网络日趋完善，形成了以西藏为中心的“五出省四出境”高速公路主通道网。5 条出入藏公路干线包括：北京—青海—西藏公路（京拉线 G109）、上海—拉萨—聂拉木公路/中尼公路（G318）、西宁—澜沧公路（其中云南大理至西藏芒康段为滇藏线）（G214）、新疆—西藏的新藏公路（G219）、四川—西藏那曲的川藏北线（G317）5 条国道。4 条出境通道中，西藏至亚东、吉隆、樟木、普兰口岸段已实现全程公路。西藏作为中国面向南亚开放的重要通道，是“一带一路”建设面向尼泊尔等周边南亚国家的枢纽，随着一系列道路交通网络日益完善，西藏与各地市之间的交通运输联系更加便捷高效，为进一步整合中国通向南亚的道路物流体系提供了较为完善的物流通道基础条件。

在铁路建设方面，中国将面向南亚建设陆路国际新通道，由青藏铁路向南延伸至日喀则，出境将与尼泊尔、印度等南亚国家铁路网连接。2014 年 8 月拉日（拉萨—日喀则）铁路建成通车，是西藏“两纵两横、五出区、三出境”干线铁路路网中重要的出境通道之一。川藏铁路拉萨—林芝段已于 2021 年建成通车，林芝—康定段于 2019 年开工建设。2018 年 12 月，中尼铁路预可行性研究方案通过中尼双方政府部门联合评审，2022 年 8 月，时任国务委员兼外交部长王毅在山东青岛同来华访问的尼泊尔外交部长卡德加举行会谈中宣布，中方将使用对尼泊尔援款支持中尼跨境铁路可行性研究，年内派专家赴尼泊尔开展踏勘。随着西藏铁路运输网络的日益完善，中国面向南亚陆路大通道互联互通基础设施建设得以进一步推进。2022 年 9 月 17 日，由广西钦州港东站始发的 X9574 次铁海联运班列驶向西藏拉萨西站，这是西部陆海新通道发出的首趟“北部湾—西藏”铁海联运班列，也标志着签署了《合作共建西部陆海新通道框架协议》的“13+2”个省区市（直辖市），已全部开通西部陆海新通道铁海联运班列。云南“八出省、五出境”铁路通道建设加快推进。截至 2021 年底，云南全省铁路营运里程 4740 千米、高铁营运里程 1105 千米。8 条出省通道已建成 6 条，分别是贵昆、成昆、南昆、内昆、云桂和沪昆客专；渝昆高铁正在建设中，滇藏铁路计划于“十四五”开工建设。5 条出境铁路通道中，中越通道境内段昆明至河口准轨已全线贯通，中老泰、中缅通道部分段已建成通车，中缅印通道境内猴桥至芒市铁路已完成可研编制和咨询评估。

航空是中国面向南亚跨境物流的重要组成部分。得益于跨境快递业的高速发展，中国与南亚的航空物流发展迅猛，西部省份逐步建立起面向南亚空中运输通道布局。目前西藏拥有拉萨 1 个国家级口岸机场，但通航城市仅为尼泊尔加德满都；云南拥有昆明、丽江、西双版纳、芒市 4 个国家级口岸机场，保山、丽江、临沧、普洱 4 个市实现了“一市两机场”，至南亚东南亚国家通航城市最多达 43 个，数量全国第一，基本实现南亚东南亚首都和重要旅游城市航线全覆盖。2022 年 7 月 12 日，圆通航空顺利开通昆明至印度德里的国际航线，成为中印航空货运市场执行航线班次最多的承运人。

4.1.1.2　物流节点设施逐步完善

物流网络节点是为中国与南亚经贸往来提供仓储配送、中转分拨、车辆集散的公共基础设施，国际物流园区、综保区、自贸区等都是跨境国际物流网络节点体系建设的重要内容。近年来中国西部区域物流基础设施不断完善，物流运输所需的码头、物流中心、配送中心、各种仓储中心也逐步建立起来。南亚通道物流运输中心包含以下三种类型：一是西部地区各级具备集客运和物流服务功能一体的运输服务站；二是可以对既有客运站、交管站、公路、铁路养护站等站场设施进行服务的运输服务体系；三是交通运输企业充分利用物流企业、物流园区、电商服务网点等设施资源，通过业务合作的方式统筹组织区域内国际物流服务的运输服务体系。南亚通道物流服务点包括两种类型：一是充分利用西部相关公共设施资源，为国际物流物资集散提供服务的场所；二是以物流企业、超市、物流园区为载体，开展南亚贸易品、贸易服务以及集装箱等接取运输服务的场所。

《西藏自治区“十三五”时期物流业发展规划》明确要求，西藏自治区要以拉萨为中心建设物流产业中心圈，形成发展核心圈层。通过拉萨的核心地理位置，形成面向南亚开放的国际物流产业发展轴、川渝联动物流产业发展轴、甘青新联动物流产业发展轴。在建设物流产业中心的同时要以拉萨为原点，围绕三个主要物流产业联动发展轴，贯通日喀则、林芝（昌都）、那曲三个区位的物流干线通道，沿着“三个区位物流干线道路”依靠现有公路运输、铁路轨道运输，贯穿昌都、山南、阿里等地区的分线物流干线。

4.1.1.3 大型物流企业纷纷入驻

西部地区拥有多个综合国际物流园区，物流运营主体发展迅速，电商物流蓬勃发展。目前各主流快递企业在物流园区虽设有营业网点，但物流企业服务能力亟待提升。引进的物流企业服务网络正在进一步完善，新业态、新模式的辐射引领作用有待进一步释放。龙头物流企业的供应链整合、商业模式创新能力不强，难以满足产业转型升级和消费升级的需要。

4.1.1.4 物流信息系统平台初见雏形

中国西部区域面向南亚物流枢纽近年来积极推进物流管理信息化，依托物流园区、成都航空物流园区、拉萨贡嘎空港物流园区等平台，构建公共物流信息平台，建立健全西部区域物流信息采集、工作内容处理和相关服务的交换共享机制。通过公共物流信息、海关信息等物流信息的融合，促进中国面向南亚跨境物流信息化发展。

4.1.2　跨境物流合作机制

跨境物流合作机制涉及多方利益影响，即使我国与南亚多个国家签订双边甚至多边便利运输协定（见表 4-1），但协定内容往往不能在对方国家得到有效履行，曾出现我国边贸车辆被随意扣留、罚款等现象。对于没有签订双边运输协定的国家，双边运输更难开展。这就需要双边国家通过外交渠道加以协调。而建立跨境物流合作机制以我国为主导开展跨境运输合作，涉及交通、海关、商务、边检等多部门协同合作，各国应当充分利用国家之间的陆路、河运和航空通道，从而实现电子商务、物流、人员流动等方面的贸易与投资便利性，合作建设区域内大型物流基础设施，促进区域物流协同发展。

表 4-1　“南亚大通道”及双边合作机制

对接区域		方案
南亚国家	印度、孟加拉国	印中孟缅经济走廊
	斯里兰卡	互为战略合作伙伴
	巴基斯坦	中巴经济走廊、全天候战略合作伙伴关系
	尼泊尔	“一带一路”合作备忘录（2017 年 5 月）
		中尼印三国经济走廊（2015 年）
	马尔代夫	全面友好合作伙伴关系
	不丹	未建交

跨境物流与国内物流相比，除具备物流的基本共性外，还具备国际性等特点，范围更大、影响更远。跨境物流受多个国家间多方面、多因素的影响，使多个国家的社会经济活动紧密相连。2020 年之后受新型冠状病毒感染影响，建立高效合作的跨境电商服务平台显得越发重要。中国与南亚国家将适当推进科技、基础

设施互联互通与金融领域的融合发展，探索建立国家外汇管理局跨境金融服务平台以及跨境电商贸易服务平台，让平台与本区域的物流企业系统实现互联互通，通过相关信息资源的共享，为两国跨境物流、资金结算提供优质便捷的服务。

同时，中国可建立面向南亚国家的自由贸易区以促进与南亚的贸易往来，完善和延伸开放通道、开放口岸功能，使开放的通道运行更加迅速便利，开放口岸的功能更加多样化、丰富化，服务于内陆口岸的顶层设计。2022 年 3 月，吉隆国家级边境经济合作区通过了国务院审批，成为我国第 18 个国家级边境经济合作区，努力探索在贸易投资、金融开放、口岸开放和便利通关等方面的体制机制创新，加快构建内外并举、量质并重的高水平开放新格局。

4.1.3 跨境物流电商平台

联合国数据库、世界银行数据库的数据显示，近年印度、尼泊尔的互联网普及率、移动互联网使用率连年提高（见第 2 章表 2-6）。受 2020 年新型冠状病毒感染的影响，邻国进出口政策发生变化并可能产生持续性影响，同时我国部分企业相继开展的物流电商平台运作模式并不适合南亚边贸业务的特殊形式。尽管如此，中国与南亚国家未来经贸合作往来，跨境电商服务仍将是主要方式和重要途径，因此需要构建适用于中国与南亚跨境物流业务发展场景的跨境物流商务平台。

4.2 影响中国面向南亚跨境物流需求的主要因素

随着互联网技术的发展以及对跨境电子商务需求的进一步扩大，跨境线下贸易和在线网购交易迅速发展，这就对跨境物流的发展提出了新的要求。跨境物流是链接买卖双方的平台和桥梁，是跨境电子商务产业链条上的重要一环，因此跨境物流体系运行效率的高低对跨境电子商务的发展起着至关重要的作用。

构建中国面向南亚国际物流主通道是构建跨境物流体系的核心和基础。在境内物流节点城市的跨境物流业务量规模不足、运载方式和规模不对称的前提下，西部地区各自独立发展南亚贸易和跨境电商的做法和效率是有待商榷的。应对策略需要分析影响跨境物流需求的因素，针对西部地区地理与经济发展环境差异分别构建南亚跨境物流的需求和方式体系。

4.2.1 中国与南亚邻国合作需要

中国与南亚邻国地区的经贸往来与开放合作，增进政治互信和双边经济发展，完全符合双边国家的根本利益。从双边贸易看，我国进出口总值为 321556.9 亿元，同比增长 1.9%。其中，出口总值为 179326.4 亿元，同比增长 4.0%；进口总值为 142230.6 亿元，同比下降 0.7%。[①] 其中 2020 年中国对南亚七国（不含阿富汗）的出口额为 10295323 万美元，占出口总额的 4.7%，由此可见中国与南亚 7 国的经贸合作还有非常大的发展空间（见表 4-2）。

表 4-2 2012~2020 年中国对南亚八国的出口额 单位：万美元

指标	2012 年	2013 年	2014 年	2015 年	2016 年	2017 年	2018 年	2019 年	2020 年
中国向阿富汗出口总额	46405	32826	39356	36182	43129	54121	66759	59980	50068
中国向孟加拉国出口总额	796991	970509	1178227	1389471	1430223	1516902	1775306	1732329	1507570
中国向不丹出口总额	1560	1741	1112	812	485	624	1283	1091	1356
中国向印度出口总额	4767751	4843241	5421742	5822803	5841534	6804225	7667566	7482530	6671971
中国向马尔代夫出口总额	7649	9741	10399	17265	32094	29563	39617	34799	27570
中国向尼泊尔出口总额	196816	221089	228358	83271	86627	96696	107737	148248	116748
中国向巴基斯坦出口总额	927539	1101960	1324448	1644189	1723446	1825079	1693332	1616692	1535767
中国向斯里兰卡出口总额	300109	343655	379280	430405	428833	408800	425505	409061	384273

资料来源：中华人民共和国海关总署。

① 资料来源：中华人民共和国海关总署。

从西藏与南亚的贸易往来情况看，西藏对内主要倚重于青海格尔木和四川成都同西北、西南省区市发展经贸合作，对外主要依靠亚东、樟木以及普兰等口岸和南亚国家发展边境贸易，因此西藏与南亚地区的开放与合作整体薄弱，需要全面大力建设。目前四川、青海和西藏在南亚贸易中基本各自发挥，进而导致双边贸易开拓力度不够。据拉萨海关统计：2020 年 1~3 月西藏在外贸进出口方面总值为 5.41 亿元。其中 3.51 亿元是西藏的出口总额，1.90 亿元是进口贸易总额，贸易顺差为 1.61 亿元。分析相关数据发现，西藏在一般贸易方面呈现增长势头，在进口方面，进口增长速度明显。在一般性贸易方面进出口总值为 2.41 亿元，同比增长 56.2%。其进口产品主要为机电产品、高新技术产品以及相应的金属矿等矿产资源（见表 4-3）。以上产品增长速度相较于其他产品而言，增长速度居首，其增长速度达 125.5%。此外，相关数据还显示，西藏贸易总值当中的 2.94 亿元是涉及尼泊尔的，在西藏外贸总值中占比达到 54.3%，西藏出口总值的 82.3%是针对尼泊尔进行出口贸易的①。由以上数据可知，尼泊尔占有西藏进出口贸易中较大的市场份额。目前仍是西藏最大的贸易伙伴和出口市场。

表 4-3　2017 年西藏自治区边贸主要出口、进口前五位商品

出口商品	金额（万元）	同比（%）	进口商品	金额（万元）	同比（%）
棉制其他男裤	27236.17	-3.71	未列名贱金属雕塑像及其他装饰品	1453.45	-14.1
未列名塑料制鞋面的鞋靴	27187.77	6.97	其他餐桌、厨房或其他家用铜制器具及其零件	101.4	-30.23
鲜苹果	21526.94	-21.97	竹制的坐具	55.83	—
其他橡胶或塑料外底，纺织材料鞋面的其他鞋靴	18030.37	-28.43	未浸涂覆其他材料制无纺织物，平米重>150g	54.04	157.18
合成纤维制男式上衣	13542.19	-26.21	药棉、纱布、绷带	48.12	-29.48

资料来源：中华人民共和国拉萨海关。

① 资料来源：中华人民共和国拉萨海关。

4.2.2 交通等互联互通基础设施建设需要

基础设施先行是“一带一路”倡议的核心内容。目前，南亚沿线国家交通运输与物流总体发展水平都比较低（见表 4-4、表 4-5），交通基础设施严重不足，运营效率差，这就给中国带来了巨大的投资和发展潜力。从交通基础设施互联互通建设来看，国际贸易运输逐步转变为依靠海、铁、空、公多种运输方式的综合运输体系，通过对南亚沿线国家交通运输网络及物流服务体系的布局和调整，可推动新的交通运输线路和物流枢纽的建立，有利于加快区域间的经济合作。通过在区域间建立快速便捷的物流通道，将区域内不同收入水平的国家链接起来，促进区域贸易以改善低收入国家的投资经济环境，促进生产要素在不同国家间的快速流通，带动区域经济发展以增强国际竞争力。

随着青藏铁路、拉日铁路、拉林铁路的顺利通车，以及在建的川藏铁路，还有日喀则亚东铁路的规划，西藏航空网、公路网也逐步完善，西藏面向“南亚大通道”建设，完善交通基础设施互联互通已具一定规模。而交通设施的完善是贸易物流通畅的基础与保障，这必将成为推动西藏社会经济发展的重要推动力量。

表 4-4 2011~2017 年南亚七国货物空运量 单位：百万吨/千米

区域＼年份	2011	2012	2013	2014	2015	2016	2017
不丹	0	0	1	1	1	1	1
斯里兰卡	365	405	385	385	382	403	399
孟加拉国	160	152	225	208	57	54	62
巴基斯坦	298	286	293	205	183	175	250
马尔代夫	缺失	缺失	缺失	缺失	6	7	8
尼泊尔	6	6	6	5	5	5	6
印度	1703	1579	1734	1851	1834	1894	2407

资料来源：联合国数据库、世界银行 WDI 数据库。

表 4-5　2011~2017 年南亚七国铁路运输量　　单位：百万吨/千米

区域 \ 年份	2011	2012	2013	2014	2015	2016	2017
不丹	缺失	缺失	缺失	缺失	缺失	缺失	缺失
斯里兰卡	缺失	缺失	缺失	缺失	缺失	缺失	缺失
孟加拉国	710	710	710	710	缺失	缺失	缺失
巴基斯坦	1757	1757	1757	1090	3301	缺失	缺失
马尔代夫	缺失	缺失	缺失	缺失	缺失	缺失	缺失
尼泊尔	缺失	缺失	缺失	缺失	缺失	缺失	缺失
印度	缺失	缺失	缺失	缺失	缺失	缺失	缺失

资料来源：联合国数据库、世界银行 WDI 数据库。

4.2.3　通道沿线区域的产业与城镇发展需要

随着南亚国家交通运输技术和信息技术的提升、基础设施的改善，交通运输成本进一步下降，运输容量进一步拓展。中国面向南亚的进出口商品从粮食、手工业等初级产品逐步发展到纺织品、机电产品、建材等工业品，比较优势发生了变化，劳动密集型产业竞争力下降，这不仅促进了双边贸易往来，还能够通过贸易带动一、二、三产业发展和产业结构转型升级，产业布局更加合理，吸纳更多人才向西部地区转移，促进区域经济增长。

南亚国家的基础设施建设较为落后，需求量大。而我国工业化水平处于全球中上水平，相较发达国家的工业发展水平具有性价比高的比较优势。通过南亚大通道的建设，可将我国已具领先地位的高铁、核电等通过工程承包方式向南亚七国输出，充分发挥我国技术产业的巨大作用。这也能够将更多国内企业推向国际市场，产生更多有国际影响力的跨国公司，提升国际化水平，为我国打造民族品牌创造更多有利条件。

4.2.4　互联网技术支撑跨境物流企业发展需要

互联网技术的出现减少了流通环节的节点，实现了消费者和生产者之间的直达，让越来越多的企业实现“脱媒”化发展。比如，新型电子商务形式 O2O (Online To Offline)，线上推广吸引客户，实现在线预订结算，进一步完成线下交易和销售。在“互联网+”发展背景下，电子商务发展迅猛，跨境电子商务迅速成为国家间贸易往来的新形势，引起企业和国家的广泛重视。目前中外运建立“海运订舱网”，好运宝、货拉拉等一大批车货匹配应用程序（App）系统得到市场的青睐，线下物流企业纷纷进军物流电商领域。阿里巴巴、顺丰、圆通等电商和快递企业纷纷与境外快递邮政企业合作，涉猎跨境电商与物流业务，拓展全球物流市场。其中，中邮速递推出“中邮海外购”，打造跨境电商转运平台。中远物流、中外运股份等大型物流企业与国内工程建设企业一道“走出去”，在港口、园区等物流战略资源方面取得积极进展。

面对这样的新形势，“南亚大通道”的建设需要寻找战略突破口，培育竞争新优势，利用互联网技术以转型升级应对物流的“新常态”。跨境电商物流体系的建立有利于加快各国间商贸往来，南亚各国通过网络技术向中国出口优势产品并进口所需产品，这是当前促成本国经济增长的有效途径之一。

4.3　中国面向南亚跨境物流建设的效力分析

跨境物流网络的快速化发展是跨境物流业和贸易联动发展的基础，需要高度组织化的物流业予以支持。面向南亚对外开放的前沿之地——西藏位处祖国西南边陲，经尼泊尔和印度与南亚相连，是古南方丝绸之路、茶马古道途经的重要区域。而南亚国家中的印度和尼泊尔与中国的西藏边境接壤，自茶马古道以来经济、文化等多方面交流广泛，在中国与南亚国家的交往中具有代表性。因此本节将从物流绩效、移动互联网等方面来实证印度、尼泊尔与中国间的物流体系对贸易竞争力的影响，进而印证西部省份面向南亚跨境物流效力程度，以便对未来跨境物流体系建设方向提出可行性建议。

4.3.1 模型设定与变量选择

中国与印度、尼泊尔的基础设施状况、国内市场经济发展均会影响两国的贸易竞争状态。Francois 和 Manchin（2013）以及章秀琴和余长婧（2019）与梁烨和崔杰（2019）的研究方法，使用中国、印度、尼泊尔三国的物流绩效指数（代表交通基础设施）、人均耗电量（代表能源基础设施）、互联网普及率以及移动通信使用比率（代表通信基础设施）作为解释变量。另外，运输服务贸易是国家间货物贸易的基础与纽带，可以作为解释变量，研究交通服务对两国间贸易竞争力的影响。同时，将国家的运输服务贸易、人均 GDP 增长水平、国民储蓄率、股市回报率以及关税率作为控制变量①。

本书创新性地选取贸易竞争力指数（TC 指数）作为被解释变量。刘崇献和王晓颖（2014）将贸易竞争力指数界定为一国某种商品或者服务进出口贸易之间的差额占进出口总额中的比重。本书将 TC 指数核算为中国和印度、尼泊尔三国的进出口贸易的差额占进出口贸易总额中的比重。计算公式为：

$$TC=\frac{i\text{ 国出口}-i\text{ 国进口}}{i\text{ 国出口}+i\text{ 国进口}} \tag{4-1}$$

TC 的取值范围为［-1，1］。当 TC 值趋近于 1 时，表明 i 国出口越多，其贸

① 人均 GDP 增长率反映了该国 GDP 经济体量越大，说明该国对外开放程度越高，从而对本国的贸易竞争力产生影响；国民储蓄率代表了一国的未来潜在消费水平，储蓄的多少会影响到未来的贸易水平；股市回报率反映了该国经济运行成效以及金融市场发展水平，回报率的高低反映了企业投资的回报高低，这本身就会影响到贸易；关税率反映了本国的贸易壁垒程度，税率越高说明阻力越大，会抑制本国的贸易竞争力。

易竞争力越强；当 *TC* 值趋近于-1 时，表明 *i* 国进口越多，*i* 国贸易竞争力越弱；当 *TC* 值趋向于 0 时，表明该国对外贸易竞争实力较为平均。

根据以上变量的选择，选取 2005～2018 年的数据，涉及中国、印度、尼泊尔三个国家，因此本书建立的是短面板数据模型进行回归分析。模型如下：

$$trade_{i,t}=\alpha_0+\alpha_1 logis_{i,t}+\alpha_2 elec_{i,t}+\alpha_3 inter_{i,t}+\alpha_4 mobi_{i,t}+\alpha_5 trans_{i,t}+\alpha_6 gdp_{i,t}+\alpha_7 savings_{i,t}+\alpha_8 stock_{i,t}+\alpha_9 tariff_{i,t}+\mu_i+\xi_{it} \tag{4-2}$$

在式（4-2）中，解释变量 $logis_{i,t}$、$elec_{i,t}$、$inter_{i,t}$、$mobi_{i,t}$ 和 $trans_{i,t}$ 分别表示物流绩效指数、人均耗电量、互联网普及率、交通服务率以及移动互联网每百人使用率。控制变量 $gdp_{i,t}$、$savings_{i,t}$、$stock_{i,t}$ 和 $tariff_{i,t}$ 分别表示人均 GDP 增长率、国民储蓄率、股市回报率以及关税率。变量计算以及数据来源见表 4-6。*t* 表示 2005～2018 年，$i=1$ 表示印度、$i=2$ 表示尼泊尔、$i=3$ 表示中国。α_1，…，α_9 是回归系数，其中 α_0 为截距项。

表 4-6　变量描述与数据来源

变量	含义（表示形式）	变量处理	预期与TC的关系	数据来源
被解释变量	贸易竞争力$trade_{i,t}$	计算方法见式（4-1）		联合国 Comtrade 数据
解释变量	物流绩效指数$logis_{i,t}$	i 国贸易和运输相关基础设施的质量（1=低，5=高）	正向关系	世界银行 WDI 数据库、联合国 Comtrade 数据库以及 WTO 数据库
	人均耗电量$elec_{i,t}$	i 国电力消耗（人均千瓦时）	正向关系	
	互联网普及率$inter_{i,t}$	i 国个人使用互联网率（占总人口的百分比）	反向关系	
	移动互联网使用率$mobi_{i,t}$	i 国移动互联网每百人使用率	反向关系	
	交通服务率$trans_{i,t}$	i 国运输服务占服务进口的百分比	正向关系	
控制变量	GDP 增长率$gdp_{i,t}$	i 国 GDP 增长率	正向关系	世界银行 WDI 数据库、联合国 Comtrade 数据库、WTO 数据库
	国民储蓄率$savings_{i,t}$	i 国总储蓄额占国民总收入的百分比	反向关系	
	股市回报率$stock_{i,t}$	i 国股市收益率	正向关系	
	关税率$tariff_{i,t}$	i 国所有产品的适用税率的加权平均	反向关系	

4.3.2 结果分析

本书采用 Stata14.0 软件和固定效应以及随机效应模型下的约束模型和非约束模型四个模型进行回归分析并对比。模型回归系数以及结果检验如表 4-7 所示。

表 4-7 回归模型与结果检验

模型	固定效应		随机效应	
方程	(1)	(2)	(3)	(4)
变量	OLS	非参数估计	GLS	FGLS
logistics	0.0837 (1.44)	0.340*** (13.50)	0.340*** (14.98)	0.340*** (17.62)
electricpower	0.0000353 (1.56)	0.0000766** (3.72)	0.0000766*** (4.03)	0.0000766*** (3.95)
internet	−0.00166 (−1.16)	−0.0059*** (−3.72)	−0.0059*** (−4.28)	−0.0059*** (−3.78)
mobile	−0.00171** (2.76)	−0.00190* (−2.12)	−0.00190** (−2.93)	−0.00190** (−2.81)
transporservices	0.000314 (0.22)	0.0000614 (0.04)	0.0000614 (0.03)	0.0000614 (0.03)
gdp	−0.00019 (−0.05)	0.00214 (0.42)	0.00214 (0.47)	0.00214 (0.56)
tariffrate	−0.0105 (−1.58)	−0.0166* (−2.70)	−0.0166* (−2.25)	−0.0166** (−2.58)
savings	−0.00537* (−2.13)	−0.00782** (−3.47)	−0.00782*** (−3.39)	−0.00782*** (−3.98)
stockreturn	0.000242 (1.29)	0.000549*** (4.36)	0.000549*** (2.46)	0.000549*** (4.11)
_cons	−0.00526 (−0.03)	−0.534*** (−4.14)	−0.534*** (−4.23)	−0.534*** (−5.25)
	N=42	N=42	N=42	N=42

注：方程（1）、方程（2）括号内数字为通过各种估计方法的 t 值，方程（3）、方程（4）括号内数字为通过各种估计方法的 z 值。* 表示 p<0.05，** 表示 p<0.01，*** 表示 p<0.001。

我们认为，解释变量物流绩效指数、人均耗电率、互联网普及率以及移动互联网使用率分别与被解释变量贸易竞争力之间没有内生性，可以避免内生性导致的估计偏误，系数也显示变量和显著性在约束后的固定效应模型和随机效应模型回归中没有实质性的变化。再进行 Hausman 检验（检验结果见表 4-8），发现解释变量指标更适用固定效应模型，为了更有效地处理异方差问题，本书采用渐近有效的非参数协方差矩阵估计方法，对固定效应模型进行进一步修正，获得更好控制异方差和自相关的一致标准误结果，提高了回归结果的显著性。因此系数分析本书将采用非参数协方差矩阵估计方法得到的回归系数进行说明。

表 4-8　Hausman 检验结果

Hausman 检验	chi2（2）= 13.34（Prob>chi2=0.0013），拒绝原假设，使用固定效应模型

从（表 4-7 第 2 列）修正后固定效应模型的系数结果来看，物流绩效、人均耗电率、互联网普及率以及移动互联网使用对该国的贸易竞争力都产生了显著影响。①物流绩效水平显著正向影响该国的贸易竞争力，大大推动印度、尼泊尔、中国三国双边出口贸易额的增长。物流绩效是由物流基础设施质量、物流服务能力和竞争力、货运全程监控能力、运输及时性、国际货物运输便利性以及海关效率这六个方面对一国贸易竞争力产生引致作用的。这充分说明中国与南亚国家间建立良好的物流基础设施和物流服务，能够有效地降低两国之间的物流贸易成本，提高国家的出口能力，进而提升贸易竞争力，同时也对双边贸易额有正刺激作用。②人均耗电率对该国的贸易竞争力产生显著的正向影响。说明该国人均耗电率水平越高，能源基础设施互联互通做得越好，对该国的贸易竞争力越能产生更大的推动作用。③互联网普及率以及移动互联网也对该国贸易竞争力产生显著影响，并且该影响成反向变动关系。因为互联网以及移动互联网是消费者通过电脑、电话等多媒体进行电子商务活动的基础，移动互联通信设施的互联互通有

利于刺激本国消费者通过跨国电子商务进行跨境消费，进而刺激该国的进口贸易额增长，从而对该国的贸易竞争力产生负向影响。对中国而言应当抓住这个机遇，加强与南亚国家间互联通信设施的互联互通，加大跨境电商的发展，推动中国与南亚国家的跨境贸易发展。

从（表 4-7 第 2 列）控制变量的系数回归结果来看：①国民储蓄率反映了该国居民未来的消费水平，储蓄率越高说明该国居民可转化为消费的期望越大，进而增加未来进口的潜力。因此国民储蓄率对该国贸易竞争力产生显著负向影响。②股票市场回报率反映了该国经济运行成效以及金融市场发展水平，回报率高反映了企业投资的回报高，这本身就意味着本国企业效益好，进而有利于加大本国商品以及服务的出口，同时，股市回报率的高低也能够反映出该国融资渠道的可得性和便利性，而资金的相通也能够刺激本国贸易的顺畅、出口的增长。因此也正如模型系数显示的那样，该国股票市场回报率对该国贸易竞争力产生显著的正向影响。③关税率对该国贸易竞争力产生显著的反向关系。关税率反映了本国的贸易壁垒程度。税率越高说明阻力越大，会抑制本国的贸易竞争力，因而两国间应尽量降低关税的阻碍作用。④交通服务贸易率与人均 GDP 增长率对该国贸易竞争力的影响不显著，可能是因为本书仅仅站在基础设施互联互通的基础上看贸易潜力，且物流绩效指数中包含了交通服务的便利性，进而导致该系数的不显著。但从结果来看，交通服务贸易率与人均 GDP 增长率都对本国的贸易竞争力产生正向影响，交通服务贸易额越大，本国经济体量越大，都有利于刺激本国贸易的出口增长，这也是符合现实发展水平的。

4.3.3 研究结论

中国是“一带一路”倡议的发起者和推行者，促进国家间经济、文化、贸易等的交流往来，基础设施互联互通是基础和先决条件。通过以上的研究也可以得出相同的结论：促进国家的贸易竞争力，以出口带动经济的发展，必须不断加强物流、能源、通信等设施的互联互通的建设，让国家间的经贸往来变得更加的便利与快捷。未来，中国和南亚国家间必须不断地加大交通、能源、信息通信的设施互联互通建设，开展更高层次的国际物流合作，进而架构起中印尼经济走廊，让中印尼三国积极开展经贸合作，推进区域经济一体化的进程，发挥各自的产业优势，双边形成良性竞争的贸易环境，最终达成互利共赢。具体来说：

首先，研究结果表明，中国与南亚国家中的交通基础设施、能源基础设施对中国与南亚国家双边贸易竞争力产生显著正向影响。并且物流绩效水平对贸易效力的影响份额（系数为0.34，说明贸易竞争力的贡献34%来自物流绩效指数）要大于能源基础设施对贸易效力的影响份额（系数为0.000076）。这说明当前我国应当仍然加强对南亚国家的相关基础设施投资，并且仍然应当将投资的核心和重点放在对交通基础设施的投资上，可以更加有效促进双边贸易竞争力增长。

其次，加强与南亚国家的通信设施互联互通，有利于促进我国的贸易出口增长。因为在研究中发现，互联网以及移动互联网的普及率越高，越能够刺激该国的贸易进口。这对于中国的企业来说，是潜力巨大的市场和发展机遇。虽然目前在印度和尼泊尔的互联网建设，特别是移动互联网的普及率更高一些，但是在跨境电商特别是移动端的跨境电商建设方面的建设进程缓慢，中国对南亚国家的贸易出口还存在较大缺口，而这正是发展空间。未来我国应加大国内三大运营商与南亚国家开展合作的力度，提升南亚国家的移动互联、宽带的普及率，实现国家宽带网的建设，为数字化合作打下基础。更重要的是能够让更多的中国企业走出去，在南亚国家开展跨境电商服务，让印度、尼泊尔通过“海淘、代购”的方式，更多地接受和喜欢来自中国的商品和服务。但顺畅的跨境电商服务是建立在完善的跨境物流服务基础上的，两者的协同化发展才能大力推动中国与南亚国家的经贸服务往来，促进双边贸易增长，实现共同繁荣。

同时，加强交通服务体系、金融服务的建设，基础设施联通建设是“一带一路”倡议中的关键和核心环节。以西藏区内铁路、公路以及航空交通网络作为支线，国家铁路、公路交通网作为主线，共同打造中国与南亚国家间跨境物流通道的主体框架系统，形成“环喜马拉雅经济合作带”的新通道和带动整个中印尼三国经济联动的助推器。加大“跨喜马拉雅经济合作带”的基础设施建设力度，政府可以鼓励国内建立多条国际铁路货运班列，加强中国与南亚国家的运输服务贸易往来。同时，基础设施投资资金需求量非常大，单独一国是无法完全承担起巨大的资金需求缺口的，因此双边政府应当鼓励实现金融双向开放，实现国际多边金融机构、专项基金平台等对“一带一路”倡议项目和服务的金融支持，实现跨境投融资、跨境结算、贸易金融等产品和服务创新，助力中国与南亚国家更好地融入“一带一路”的共建中。

最后，西藏自治区是面向南亚开放的最前端，在区位上有着举足轻重的作用，未来势必成为实施中印尼全面战略合作的新高地。西藏积极融入“一带一路”倡议的建设中，深化吉隆、樟木国际边贸口岸建设，为建立中尼自贸区打下坚实基础。加快建立中尼自贸区、中印尼自贸区，推动中国与南盟国家参与共建“一带一路”，进而推进中国与南亚区域经济一体化的进程，而中印尼三国在地区发展和维护南亚地区稳定的过程中发挥重要作用。通过形成一种良性竞争的贸易环境，继续深化经贸合作，实现双边贸易自由化，中印尼三国在贸易发展中形成良好的伙伴关系，推动跨喜马拉雅地区成为亚洲发展的前沿阵地，加深多边国家政治、外交、文化等的交流，这必将给中国、印度以及尼泊尔在南亚地区的发展带来结构性变化，最终达成互利共赢。

第5章 中国面向南亚建设跨境物流体系研究

5.1 南亚跨境物流体系结构解析

从当前中国面向南亚建立的物流运输系统内部来看，物流运输路线、物流园区建设、物流体系建设及其运营管理等共同构成了中国面向南亚跨境物流系统的基本要素。因此本章主要从中国面向南亚建设跨境物流体系的基础条件和市场运作两方面对南亚跨境物流体系内部构成要素进行分析。

5.1.1 构成要素

南亚跨境物流体系由四个子系统相互构成。这四个子系统分别是：南亚大陆桥运输子系统、跨境物流节点子系统、跨境物流运作子系统和跨境物流信息子系统。统筹考虑各子系统之间的有机联系并全面规划，各子系统间必须相互配合与合作，才能真正通过优化设计跨境物流系统来推进中国与南亚国家间的基础设施互联互通和南亚大路桥通道建设。

（1）南亚大陆桥运输子系统设计。其中关键是运输线路设计，包含较短运输里程和成本计算、公路铁路以及航空列车航线的网络设计、集装箱运用等。南亚跨境物流的供应地和接受地产生于商品的需求和供给、物流输出和输入需要等联系的两地，因而在中国面向南亚建设跨境物流的重点区域——四川、青海与西藏三省之间、省内城市之间、三省与南亚八国之间，都存在不同的物流的供应地和接受地。物流通道由物流节点接续而成，连接物流的供应地和接受地。南亚跨境物流通道不仅包括单一的运输路线，还包括由联合运输方式构成的互补型运输线路。南亚跨境物流通道中端主要通过铁路实施运输，通道两端主要对货物进行集中、疏散。通道涉及的部分区域由于基础设施建设不完善，无法全程实现铁路运输。从整体来看，该通道需要综合公路运输、铁路运输、海洋运输等多种运输方式来实现货物的集中和配送。

（2）跨境物流节点子系统设计。根据西部地区省、市不同层次，中国与南亚间不同规模和资源优势，重点设计跨境物流基地、综合物流中心以及跨境配送中心三个层次的物流节点和基础设施。南亚跨境物流节点作为跨境物流系统的联结处，不仅作用于货物包装、搬运，还作用于货物的加工、信息处理等。通常称物流节点为物流中心，包括口岸、枢纽、港口等物流集散地，整合了人才资源、通信、机构装备和物流系统的指挥、管理。物流节点还对物流增值发挥重要的作用，一个物流节点增值率的高低直接反映一个物流中心的优劣。南亚跨境物流体系中的物流节点除了具备上述基本职能外，还要负责国际物流通道系统中的相关事宜，如通关、换装、制单、国际结算等。中国—南亚跨境物流体系中的物流节点有拉萨、那曲、日喀则、成都、西宁。目前国内西部区域已拥有多个国家级以及省级示范物流园区。

（3）跨境物流运作子系统设计。关键点包括：涉及各国保税制度和保税仓库建设等的仓储子系统以及涉及跨境商品检验、包装以及流通加工子系统等；物流管理系统的科学设计和良好运行决定了物流通道的运行效率。通过确定物流运作有关的规章制度、管理办法、组织架构等实现物流要素的整合。物流经营模式具体反映为物流经营系统。一个恰当的物流经营系统包括固定的经营主体、合作共赢型经营理念、经营模式、盈利模式、营销手段等方面的内容。在世界经济交往日益紧密的时代，物流效率和物流经济在提升交易速度、交易量等方面有着独特的作用。效益型、经济型的物流经营模式事关多方主体的社会和经济效益。由于南亚跨境物流体系涉及巴基斯坦、孟加拉国、尼泊尔、斯里兰卡、马尔代夫、印度、不丹七大邻国，各国文化各具特色，因而制定出一个合适的物流管理模式至关重要。

首先，西部地区可针对面向南亚“一带一路”倡议的建设，成立专项物流业发展工作领导小组，加强西部省份部门间的组织协调。可由西部各省相关政府主管领导牵头，发改委、商务部门、交通运输管理部门、铁路局、邮政管理等部门共同参与，组建西部面向南亚区域物流业发展工作领导小组。领导小组负责制定区域物流产业政策和发展规划相关工作，统筹区域物流资源和基础设施的优化布局，协调重大物流项目的招商引资和建设工作，并负责督办物流产业发展中的重点工作和政策的落实情况。

其次，统筹各区市县物流产业投资项目，加强区域间的高效协同。加强西部各省市县间对接合作力度，由物流业发展工作领导小组进行统筹协调，处理物流项目在各区市县合理布局的问题，统筹推进各区市县的产业合作、产业落地的相关事宜，形成差异发展、互补互促关系。鼓励各区市县之间在物流产业发展方面，建立互助合作、财税分享、监管共担的协调机制。

最后，西部省份可各自组建区域物流产业投资平台公司，推进省内物流基础设施改造升级。建议由专项物流业发展工作领导小组牵头，协调大型物流产业投资或运营企业共同参与组建混合所有制的专注物流领域的产业投资公司，负责各省内物流基础设施的投资、建设、运营等方面的基础工作，以国家物流枢纽建设项目为切入点，同步推进本省的物流设施整合及功能提升过程中的物流项目投资。

（4）跨境物流信息子系统。建立技术先进的跨境物流信息处理系统和完善的跨境电子商务网络系统，主要包括进出口单证的作业过程、支付方式信息、客户资料信息、市场行情信息和供求信息等。

5.1.2 相关主体

中国面向南亚建设跨境物流体系涉及国家、省市、城镇、企业等不同类型的主体，按照主体特性和功能可分为6类，分别是物流基础设施供给主体、物流信息运营商主体、物流业务运作主体、政府管理主体、中介服务主体和知识支持主体。

（1）物流基础设施供给主体：包括物流运作涉及的条件和平台。首先，交通运输通道是物流运输过程中所需的基础设施，包括公路、铁路、内河航道、远洋航线、航空航线等，都需要供给主体。其次，物流运作过程中用于暂时性存储的场所，包括码头、物流中心、配送中心、各种仓库等，同样需要供给主体。南亚跨境物流通道上的物流基础设施供给主体主要是国内各省市及周边国家。2014年开始动工的川藏铁路项目起于成都，途径眉山、雅安、康定，经过西藏昌都、林芝、山南，最终到达拉萨。目前拉林段铁路已通车运行。川藏铁路将拉萨与成都相连，西藏在融入中国通往欧洲的走廊建设中，有重要的区位优势。2015年5月国务院批准同意吉隆公路口岸进一步开放为国际性口岸。

（2）物流业务运作主体：包括在物流中负责运输、储存、转运、加工、管理等服务的企业主体。这类企业主体种类繁多，通常结成战略联盟，统一调度和支配各种软件、硬件资源。物流业务运作主体又可细分为物流需求主体、物流服务企业，在互相协作中实现货物的有效流转，企业组织集聚可有效带动产业集群的形成，推动产业向更高层次发展。广州拥有数量众多的外贸企业，在货物生产、加工、输出方面有较大需求，输出至南亚的产品多数选择海运，但更多倾向于通过公路运输经西藏吉隆口岸输出至南亚。

（3）物流信息运营商主体：是指提供物流双方信息的网站或平台运营商。

物流信息运营商掌握物流需求和物流供给双方的资信情况、业务范围、发展规模，能够集成各类信息流，给各国、各地方政府提供强大的信息网，推动各方制定相关政策和规定，极大地促进区域内物流资源的整合和运用。货物供应商、物流供给商、货物需求商在信息透明和对称的情况下，也能做出更佳的决策。位于拉萨高新区的西藏宁算科技集团有限公司，基于和阿里云的合作，运营和维护着大量绿色数据，积极主动践行国家“一带一路”倡议，充分发挥在西藏数据中心服务我国有外贸业务和外贸能力的企业走出去的作用。

（4）政府管理主体：制定物流规章制度的政府组织。物流业作为复合型产业，下接货物的运输、仓储、加工制造，上接货物的运转、贸易等，物流业涉及的政策法规与交通运输业、加工配送业等法规有或多或少的直接联系。各国政府、各地方政府有权按照市场需求、管理需要制定相关的政策法规、行业标准、规章制度等，保障物流业、物流市场的顺利发展。

近年来，各省市自治区都相继出台了方案、政策促进物流体系的发展，为全面发展物流业提供了有利环境。2015 年四川出台了《四川省物流业发展中长期规划（2015-2020 年）》，旨在建成西部服务最优的口岸服务体系以及通往欧洲的“桥头堡”。到 2020 年，四川基本建立了现代化的物流服务体系，成为西部物流中心、西部最大的国际铁路和公路物流枢纽。青海出台了《青海省物流业降本增效专项行动实施方案》，推动物流业降低成本，提高效益，从而进一步提升物流业的发展水平，同时促进实体经济的绿色健康发展。西藏发展和改革委员会出台了《西藏自治区关于加强物流短板建设促进有效投资和居民消费的实施方案》（藏发改经贸〔2017〕830 号），逐步增强物流业发展意识，进一步完善物流基础设施及配送体系，2019 年区发展改革委、商务厅联合印发了《关于推动物流高质量发展形成区内市场的意见》，物流业发展得到进一步重视。

（5）中介服务主体：服务于物流业各环节的中介机构。中介机构服务多元化，有能为政府决策、规划提供建议的机构，有能为物流业发展提供资金帮助的机构，有能为物流业发展所需基础设施建设提供协作建设的机构，有推进物流信息平台建设的机构，这些中介机构主要是指金融机构、保险机构、投资机构等。正是由于中介机构的参与，物流业才得以正常运行、开展。

（6）知识支持主体：为区域物流提供人力资源和技术资源的各类高校、科研院所、咨询机构。知识支持主体由于和物流业运作过程中无直接的利益关系，从而能够科学、合理地制定区域物流发展规划，提出深刻的问题和建议。站在区域整体物流系统发展的角度来看物流资源的配置、优化问题，不难发现知识支持主体起到了重大作用。

5.1.3 各要素及主体间相互关系

南亚跨境物流通道由物流节点接续而成，连接物流的供应地和接受地。基础设施供给主体为通道建设提供软硬件需要，物流的管理模式由政府管理主体、知识支持主体、物流信息运营商共同参与规划，物流的经营模式由物流业务运作主体、中介服务主体共同参与制定。南亚跨境物流通道的布局直接影响和作用于物流经营模式、物流管理模式。

西藏作为面向南亚互联互通的区域重要节点，应当立足将拉萨建设成为“国家智能制造中心”“国家交通物流中心”，吸引和辐射带动其他枢纽发展。具体而言，充分利用好拉萨物流枢纽连接青藏公路、川藏公路的快速通道优势，通过干线连接、跨区域对接业务以及信息互联互通三个方面，与国际、国内、西部地区、区内物流枢纽大力发展物流枢纽间协同联动业务，实现西藏物流枢纽与其他多地区物流枢纽之间的业务对接，提升物流枢纽网络化服务水平。

5.1.3.1 干线连接

干线连接重点依托国内物流大通道，通过便捷的铁路、水运、公路干线运输，实现国内以及与南亚国家间主要物流枢纽的协同联动。

（1）加强与南亚八国的物流枢纽业务协同：充分利用成都物流枢纽、青海物流枢纽以及拉萨陆港、空港物流枢纽间的功能协同，在航空物流、商贸物流、供应链管理方面实现功能互补；立足拉萨特色产业，使得高附加值产品通过铁路、航空运送至世界各地，实现成都物流枢纽、青海物流枢纽以及拉萨陆港、空港物流枢纽间的业务协同。

（2）引入专线联盟：瞄准拉萨综合物流枢纽到边境口岸（吉隆、亚东、普兰等口岸）间的分拨配送需求，与成都物流枢纽、青海物流枢纽以及拉萨陆港、空港物流枢纽、各配送中心、货运站实现“点、线、网”有机结合，形成区域内的专线运输和分拨配送网络。此外新建拉萨南环路平交改立交项目、陆港空港海关特殊监管专线高速公路，实现快速集疏运，采用“卡车航班”等模式与拉萨航空口岸实现港空互通互联，拓展航空物流服务范围。

5.1.3.2 跨区域对接业务

跨区域对接业务重点依托国内国际物流大通道，以多式联运线路及业务为纽带，建设面向南亚等国家的高效物流枢纽网络，实现申报枢纽与国际、沿海、沿边、国内主要枢纽的跨区域对接。

（1）通过推动建立国家物流枢纽联盟等方式，加强物流枢纽间的业务对接、信息互联和标准协调，从而推动国家物流枢纽网络框架和基础支撑的形成，并加快构建内外联通、便捷高效、交织成网的“通道+枢纽+网络”的物流运作体系，进一步促进枢纽网络的区域均衡发展和协调发展。

（2）发挥资源、区位、交通、政策、经验等方面的优势，加强资源整合和共享，立足产业布局，打造物流配送中心及国际公路货运中心，共建国家物流枢纽；构建跨省区的物流经济带，加速通道内沿线市场资源的整合和货物、信息、资金、人才等要素往来。

（3）探索培育西部区域枢纽经济新范式，及时调整有关产业的方向和布局，依托国家物流枢纽的资源和辐射作用，聚焦现代物流、国际贸易等主导产业，带动西部省份区域内产业集聚与物流融合创新发展，培育经济发展新动能。支持以企业为主体形成区域利益共同体，强化西部省份区域协同、资源整合和优化配置，强化区域辐射能力，减少重复性建设，避免恶性竞争。

5.1.3.3 信息互联互通

建立西部省份枢纽综合物流信息服务平台，通过与国家、省级物流信息平台的对接，实现与其他国家物流枢纽、区内其他物流枢纽在同一平台上的信息互联互通。

（1）加快构建南亚大通道信息网络公共平台。以国家物流枢纽为核心，以多式联运和物流大通道建设为载体，以沿途重要枢纽节点和园区为支点，加快形成国内与南亚国家间双向开放、多边延伸的物流通道网络和节点服务体系。充分利用互联网、物联网、人工智能、大数据等现代信息技术，实现跨区域、跨行业、跨领域互联互通和业务协同。

（2）加强跨区域的信息交流。申报枢纽综合物流信息服务平台，通过与枢纽内各运营企业信息系统的对接，打破物流信息壁垒，推动枢纽内企业、供应链上下游企业信息共享；综合物流信息服务平台将整合川青藏三省既有的海关、外汇、工商、银行等资源，形成统一的公共物流信息平台，不断促进和加强各区域在物流产业发展、物流项目、物流企业互动、物流展会举办等方面的合作。

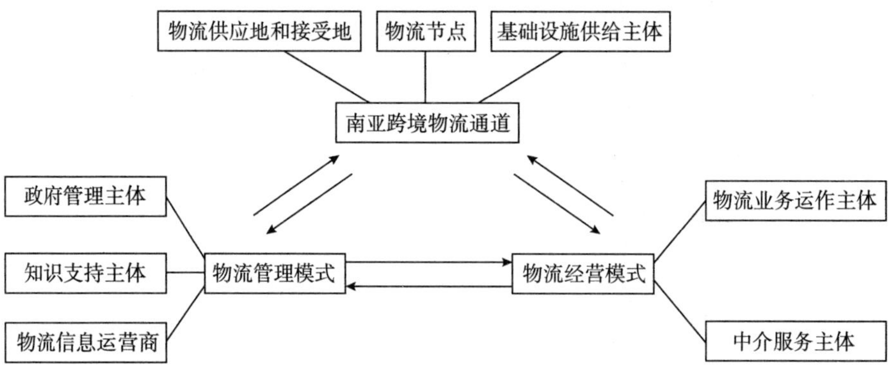

图 5-1　南亚跨境物流通道构成要素、主体及关系

5.2　南亚跨境物流系统功能定位

通过前文对南亚大通道物流系统的结构和运输组织方式的分析可知，与一般意义上的物流服务相比，大陆桥（特别是跨境）通道在业务流程和功能定位方面存在较大变化，基于其系统的复杂性，陆桥通道在业务流程和功能构成方面也具有了复杂性。本节将对南亚大陆桥跨境物流通道系统的业务流程以及功能方面进行分析。

5.2.1　主体功能定位

根据中央第六次西藏工作座谈会提出的对西藏战略定位要求，西藏是重要的国家安全屏障、重要的生态安全屏障、重要的战略资源储备基地、重要的中华民族特色文化保护地。西部区域面向南亚大陆桥跨境物流通道系统的建设，必须服从和服务于以上战略定位，从战略高度来规定中国面向南亚大陆桥跨境物流通道的功能和定位。

中国面向南亚大陆桥跨境物流通道系统依托西部地区多条国家级综合运输通道交汇优势，整合国家一级铁路物流基地、国家综合保税物流中心等，衔接内陆地区干支线运输，高度集成多元物流要素于一体。该跨境物流通道面向全球知名、全国领先的绿色产业、电子信息、医药等产业，针对产业、商贸发展、生产生活需求，立足铁路和航空公联运核心功能，重点发展铁路干线运输、空运干线运输、多式联运转运、区域分拨与配送、国际物流、仓储堆存与流通加工、公共信息平台等基础服务功能，多元化拓展供应链管理、跨境电商、冷链物流、应急物流、物流金融等延伸功能，提供畅通国内、联通国际的干支运输、现代化仓储、快速转运分拨、供应链管理等物流服务。

表 5-1　中国面向南亚大陆桥跨境物流通道系统功能与布局对应关系

功能要求	川青藏面向南亚大陆桥跨境物流通道的功能区
铁路干线运输组织	青藏铁路、川藏铁路沿线城市设立国际多式联运功能区、国内多式联运分拨区
航空运干线运输组织	川青藏的航空干线作业区
多式联运转运组织	国际、国内多式联运分拨区、铁空公联运作业区
区域分拨与配送组织	公路港分拨配送区、国际多式联运功能区、国内多式联运分拨区、铁空公联运作业区
国际物流服务	成都、西宁、拉萨物流园区设立国际物流综合服务区
仓储堆存与流通加工	公路港分拨配送区、生产物流集成服务区、管理服务与公共仓储区
公共信息平台及配套	管理服务与公共仓储区
供应链管理	供应链物流服务区
跨境电商	国际物流综合服务区、管理服务与公共仓储区
冷链物流	成都、西宁、拉萨冷链物流园区设立国际多式联运功能区
应急物流	国家战略物资储备与应急物流区
物流金融	供应链物流服务区

中国面向南亚大陆桥跨境物流通道的功能属于基本物流功能，主要包括以下六部分：

5.2.1.1　铁路干线运输组织功能

该功能主要由国际多式联运功能区、国内多式联运分拨区承担，利用青藏、川藏、拉日铁路，青藏、川藏、滇藏公路等重大交通路网办理货物到发及编组业务。

国际多式联运功能区依托青藏铁路、川藏铁路、中尼铁路，借助尼泊尔允许第三方货物过境的特殊政策，构建以南亚班列、公铁运输通道为支撑的国际性公铁联运服务体系，为藏中经济区、铁路沿线和尼泊尔的加工制造和商贸企业，提供集装箱联运、公铁联运等服务，成为辐射全区、对接“一带一路”、连接南亚的公铁联运枢纽。

国内多式联运分拨区主要依托川青藏综合交通运输体系优势和三省现有的综合保税区，构建以“物流+分销”为核心的区域分拨配送网络，面向南亚区域的消费需求，提供区域分销分拨、进口商品交易、食品冷链分销等服务。面向全区应急保障需求，提升应急物流储备、调拨、投送能力。

5.2.1.2 多式联运转运组织功能

该功能主要由西部地区物流园区的国际多式联运功能区、国内多式联运分拨区、铁航公联运作业区共同承担，具备铁路货站、空港条件，适合开展公铁、铁空联运，并且充分利用青藏、川藏等多条铁路专用线，通过已开通的粤尼班列和南亚航线等，实现大宗货物“公转铁”“公转空”。多区域内均具备龙门吊、集装箱堆场、散杂货堆场等设施，具备货物快速联运转运能力。三个区域与智慧物流分拨配送区将在既有多式联运业务的基础上，进一步优化多式联运线路资源，形成常态化、稳定化、品牌化的“一站式”多式联运服务产品。

5.2.1.3 区域分拨及配送组织功能

区域分拨是多级供应链中连接上下游的重要环节，直接影响物流供应链的高效运作。充分利用西藏面向南亚的区位优势，北线经青海、南线经四川，从内陆进出藏、西行面向南亚的货物均可在西藏汇集，源源不断经边境口岸进入南亚国家（主要是指尼泊尔、印度、不丹）。

中国面向南亚跨境物流通道可依托青藏、拉日铁路、多条国道干线以及高速公路交汇的干支衔接条件，利用智能化仓储分拨设施、先进的配送组织模式，天然具有了成为区域集散分拨中心的良好条件，不仅实现跨省市、跨地区、跨国家的远距离货物集散，还提供货物的近距离终端配送功能，实现物资的快速分拨分拣和配送。

配送组织方式包括以下四种：第一种是利用大企业具有的铁路专用线，进行“门到门”配送服务；第二种是利用道路运输方式进行港口、铁路方式之外的运输，即集疏运配送服务，从而做到“门到门”配送服务；第三种是对要求配送的货物进行分拣归类，对有条件的货物采取共同集货、共同发货，实现共同配送服务；第四种是对电商快递、生活快消品进行城市、城乡配送服务。

5.2.1.4 国际物流服务功能

中国面向南亚跨境物流通道主要就是支撑“一带一路”倡议，重点针对面向尼泊尔、印度、不丹等南亚国家的国际贸易、国内电子商务和跨境电商等需求，促进国际贸易企业和国际物流服务商共同打造一站式跨境物流综合服务平台，加快发展邮政快递和跨境电商进出口包裹业务，不断完善集散转运网络和配送网络。

积极推进拉萨综保区完善国际报税物流体系。根据需要，拉萨综保区主要面向尼泊尔、印度、不丹等国，青海格尔木综合物流园主要面向中亚、南亚的阿富汗、巴基斯坦等国；四川综合物流园、四川自贸区全面面向南亚，向南经贵州黔南州南下珠海港出海，向西经兰州抵达新疆哈密，再经哈伊瓜（指哈密、伊斯兰堡、瓜达尔）国际物流大通道，直达巴基斯坦瓜达尔港。中国面向南亚的进出口运输贸易，可在三省综合物流园区设立国际配送中心、保税加工中心、加工制造企业、进出口贸易企业等提供国际中转、国际配送、保税仓储、检验检疫、通关服务等一体化国际供应链物流服务。所有通往南亚的班列（如粤藏尼班列、49074 次中欧班列、“兰州号”等南亚公铁联运国际货运专列）进出的货物均可以享受保税仓储、口岸服务、国际物流配送、进出口贸易、转口贸易和进出口退税等优惠政策。建议拉萨综保区对陆路指定口岸相关工作进行申报，批准在综保区内设立进行对外经济贸易交流相关业务开展的铁路和公路口岸。

5.2.1.5 仓储堆存与流通加工功能

中国面向南亚跨境物流体系中还必须具备强大的仓储和流通加工功能。该功能主要由青海朝阳物流园区、青新藏（格尔木）国际陆港物流中心、四川成都航空物流园区、成都国际集装箱物流园区、拉萨综合保税区、拉萨西站物流园区以及贡嘎空港物流园区共同承担。确保陆港仓储与空港仓储的高效连接可充分发挥铁路运输、物流配送的优势，为转运及到站的货物提供良好的储存储备服务。

5.2.1.6 公共信息平台及配套服务功能

以国家物流枢纽为核心，加快形成国内与南亚国家间双向开放、多边延伸的物流通道网络和节点服务体系。充分利用互联网、物联网、人工智能、大数据等现代信息技术，实现跨区域、跨行业、跨领域互联互通和业务协同。在互联网技术的支持下，通过物流园区的信息平台，实现企业内部，企业与供应商、消费者、政府部门之间的线上、线下物流服务，其中包括在线进行货物检查、物流调度、规划配送线路和物流查询等电子功能服务。

5.2.2 延伸功能定位

（1）供应链管理功能：供应链管理功能主要由供应链物流服务区的入驻企业承担。为了进一步提升中国制造产品销往南亚的国际竞争力，西部省份在建设面向南亚跨境物流系统时，应将供应链管理思想融入产业链发展模式中，借助青藏铁路经济带、川藏铁路经济带的带动作用，提高沿线特色产品开发与制造水平，提高产品附加值，形成上、下游生产性服务业（如物流服务）与中间的生产制造业联动发展。例如：以高原净土、净水产品、藏医药、高原粮食等作为产业供应链业务发展重心，逐步深入到原材料采购端包采、原料库存管理、生产数据统计、产成品包销、预售、物流运输服务等环节，为涉及企业提供产运贸一体化供应链服务。

（2）跨境电商服务功能：该功能主要由青海朝阳物流园区、青新藏（格尔木）国际陆港物流中心、四川成都航空物流园区、成都国际集装箱物流园区、拉萨综合保税区、拉萨西站物流园区以及贡嘎空港物流园区共同承担。国际物流综合服务区内四川自贸区和拉萨综合保税区是跨境电商产业园的核心节点，主要支撑西部省份作为面向南亚跨境电商区域性集散中心。未来拟建设拉萨跨境电商产业园，包括建设电商服务大楼，海关、税务、外汇等口岸联检大厅，跨境电商监管中心以及为跨境电商、外贸服务及其他相关企业的商务办公场地。

（3）冷链物流服务功能：该功能主要由青新藏（格尔木）国际陆港物流中心、四川成都航空物流园区、拉萨西站物流园区以及贡嘎空港物流园区共同承担。为加快培育区域冷链物流中心，成都、西宁和拉萨可作为核心冷链物流核心节点，带动西部区域内周边市县建成集“加工、储存、交易、配送、经营”于一体的综合性冷链服务体系，为中国与南亚国家的果蔬、肉类、海鲜等产品提供集货分散服务，努力打造西南地区面向南亚完善通畅的铁路冷链物流通道，并使之成为区域内功能最全面、库存量最大的冷库示范基地。

（4）应急物流服务功能：按照《国务院中央军委关于进一步加强交通战备工作的意见》文件要求，中国面向南亚跨境物流通道应当主动适应国家军民融合物流发展战略，遵循平时有用、灾害或者战时管用的原则，建设军民融合和应急物流设施。西藏地广人稀，拉萨到东部的昌都、西部的阿里，公路运输距离都在1000千米以上，物资应急保障有着特殊的困难。加快培育区域冷链物流中心应面向应急保障需求，着力加强信息化平台建设和快速反应能力建设，确保打通西藏农牧区、边境区物资保障最后一公里。可在既有救灾物资储备中心库的基础上，进一步整合西部现存仓储资源，通过协议储备、企业代储、国储、供销社改造等多种方式，构建多元化的救灾物资储备体系。完善县级战略物资储备设施体系，与市级应急物资存储设施形成联动，形成覆盖川青藏全域的高效运转的物资储备网络体系。

（5）物流金融等增值服务功能：该功能主要由四川自贸区以及拉萨综合保税区综合商务区的入驻企业承担。可根据用户需要提供更多特殊或个性化的服务，主要包括结算功能（物流费用的结算、替货主向收货人结算贷款等）、仓单质押、物流金融（应收款担保、货运险、融资租赁）等服务。

5.3　南亚跨境物流通道布局与优化分析

现代物流跨境运输系统是跨境物流总体系统中最重要的环节。跨境物流系统各环节的连接与转换、物流经营、管理目标的实现，都有赖于物流运输是否通畅。在与南亚国家经贸往来的过程中，运输水平的高低直接影响到区域内、国家间的市场效率与经济成本。因此，从川青藏区域现实条件出发，在综合分析中国面向南亚的航空、水运、铁路和公路等基础设施的基础上，确定中国面向南亚跨境物流运输系统优化升级方向成为目前需要解决的重要问题。

5.3.1　区域节点城市布局优化

为了保证各层次的物流需求，通过结合各物流节点的发展状况、优势，整合西部区域现有物流资源，完善面向南亚的跨境物流定位、布局，最终实现了区域社会、经济、生态和文化等各领域全面发展要求。

第一，明确区域一级物流节点城市 3 个：四川省会城市成都、青海省会城市西宁和西藏省府城市拉萨。3 个省会（首府）城市均是区域内综合物流中心城市，都具备面向南亚经贸和人员往来构建交通基础设施枢纽和物流集散中心的条件，与区域内二级节点、三级节点城市呈现统领关系。

第二，明确区域二级节点城市 11 个：四川布局二级节点城市 7 个（绵阳、达州、泸州、南充、宜宾、遂宁、攀枝花）；青海布局二级节点城市 2 个（海东、格尔木）；西藏布局二级节点城市 2 个（那曲、日喀则）。二级节点城市大致可分为两类：一类是沿边城市。沿边城市的物流量通常较大，对全区的物流活动特别是国际物流，具有不可替代的作用。另一类是内陆次区域中心城市。这些城市是省内的二级交通枢纽和地理中心城市，既是本地区物流中心，又同时是跨地区的物流中心。二级物流节点城市既承接上一级物流城市的运输任务，又同时衔接上下级物流节点城市的指挥、调度、信息及货物处理等任务。物流节点城市的管理职能实现情况可以反映整个物流系统的效率水平，而上下级物流节点城市的一体化，能够保障整个物流系统的正常化和有序化运转。

第三，确定区域三级节点城市 18 个：四川确定三级物流园区布局城市 13 个（广安、广元、雅安、德阳、资阳、西昌、自贡、乐山、内江、眉山、巴中、马尔康、康定）；青海明确三级物流园区布局城市 2 个（德令哈、玉树）；西藏确定三级物流园区布局城市 3 个（昌都、林芝、山南）。三级节点城市是指，截至 2020 年未列入二级节点的地级市及少数县级市县城，不具有二级节点物流的结合部功能，只需承担本行政区域内的物流分拨和配送业务。2014 年开始动工的川藏铁路项目，起于成都，途径眉山、雅安、康定，经过西藏昌都、林芝、山南，最终到达拉萨，由此可见三级物流节点城市在衔接川藏经济发展中起到的重要作用。

第四，明确区域四级节点城镇若干个。四级物流园区布局具体由各市（州）结合本地区物流业发展规划具体确定。四级节点主要是城镇农村乡镇。农村乡镇一般是物流直达末端节点，直接将物流服务送达终端客户，一般不会再有分拨业务。

5.3.2 区域物流园区布局优化

为建设中国西部面向南亚跨境国际综合物流枢纽体系的总体目标，根据西部区域面向南亚物流流向流量的需要和区域物流市场发展潜力开发，在整合区域物流资源的基础上，依据《国家物流枢纽布局和建设规划》，本书提出构建西部“物流核心圈层、九大区域物流枢纽、若干个物流园区”，形成区域国内外物流流动、区域分工合理、带动区域经济发展的现代国际综合物流服务网络和产业体系。

第一，明确区域物流核心圈层。可由一级物流园区城市：四川成都、青海西宁以及西藏拉萨构成区域物流核心圈层。该区域物流核心圈层内的产业集中度相对较高，区位交通优势非常明显，三个城市分别都拥有大规模的国际物流园区，城市间具有一定的相似性和互补关系。

第二，九大区域物流枢纽。以成都、遂宁、泸州、攀枝花、达州、西宁、格尔木、拉萨和日喀则（吉隆）九大物流枢纽为支撑，建设西部面向南亚开放的国际综合物流体系，分别形成以成都为中心的西南核心物流枢纽，可作为中国南方地区面向南亚开放交往合作核心物流枢纽，充分发挥成都在粤尼班列开通、川藏铁路建成后的枢纽周转地位；形成以青海西宁为中心的西北核心物流枢纽，可成为中国北方地区面向南亚开放交往合作的物流枢纽；形成以西藏自治区拉萨为中心的西南边境物流枢纽，将由成都、西宁输送过来的物资、人员等经由拉萨源源不断地输往南亚国家。九大物流枢纽的建设发展重点是为满足多式联运需要的交通基础设施建设，更好服务于南亚等周边国家地区建设区域性公共物流信息平台，增强现代国家物流服务功能，提高进出口货物吞吐量和中转能力的转运型物流枢纽园区。

四川成都陆港型、空港型、生产服务型、商贸服务型综合物流枢纽承载城市。成都是“一带一路”、长江经济带发展和西部陆海新通道的重要节点和国际性综合陆港型、空港型物流枢纽，而且是响应国家新一轮西部大开发战略的国际门户枢纽城市。目前成都是西南地区最大的铁路枢纽之一，成渝、宝成、成昆、达成四大铁路主干线交汇于此，构筑了成都至上海、深圳、天津、青岛、连云港等沿海港口城市的货运主动脉；成都双流国际机场是我国西部最大的机场，现已开通国内航线 70 余条，国际航线和国际包机航线 20 余条，通航的国际城市达 20 余个，能够全面满足南亚空港物流服务的需要。

青海西宁商贸服务型物流枢纽承载城市。西宁将借助大型商贸市场和城市消费市场的发展，为国内外商贸和消费需求提供货物仓储、干支联运、分拨配送等综合物流服务，并提供金融、结算、供应链管理等增值服务。

西藏拉萨陆港型、空港型物流枢纽承载城市。拉萨将按照国家物流枢纽规划和建设要求，充分利用铁路港、公路港、航空港、保税物流中心等平台优势，优化存量设施空间布局，加快推进铁路专用线、冷链、空港临港物流等专业化仓储、多式联运转运、区域分拨配送等物流设施以及综合物流信息平台的建设，推动枢纽资源空间集中与土地资源集约利用，充分发挥面向南亚前沿陆空协同的物流枢纽作用。

遂宁陆港型物流枢纽。遂宁探索绿色发展新路，重点扶持发展现代物流产业，并规划启动在船山去西南方向建设中国西部现代物流港，全面打造“北上南下、东进西出”的物流通道体系。形成以远成物流为核心的公路枢纽和西部铁路物流园为核心的铁运枢纽，打通面向国内和直达欧洲的运输通道，已全面形成公铁联运体系。

泸州港口型物流枢纽。泸州是“一带一路”、长江经济带、西部陆海新通道的重要节点，具有水、公、铁、空的综合叠加区位优势，成为连接成渝、辐射滇黔以及南亚、东南亚的物流大通道。

攀枝花生产服务型物流枢纽。攀枝花是成渝地区通往东南亚、南亚沿边沿海口岸的最近点，可与成渝地区综合开发利用冶金制造业、有色金属等，积极承接成渝地区产业转移，因此被列入全国性综合交通枢纽和生产服务型国家物流枢纽承载城市。

达州商贸服务型物流枢纽。达州市积极引进京东、顺丰、中国邮政等物流企业在达州设立区域集散分拨基地，建设区域综合物流枢纽。通过发挥达万铁水联运组合优势，将达万通道打造为成渝及周边省市货物西出东进国际物流大通道。

第三，若干综合物流园区。西部省级物流的发展要以建设西南地区面向南亚陆路跨境物流通道为主要目标，根据西部省份的基础条件、功能定位和经济发展状况，加快建设西部省份面向南亚的区域物流圈层，根据跨境物流市场的实际需求，发挥比较优势原则，重点建设若干个以仓储、运输、配送为主的国际型、开放式和多功能的综合物流园区。

四川拥有多个国际综合物流园区。例如，成都国际航空物流园区、成都国际集装箱物流园区、成都青白江铁路散货物流园区以及成都新津铁路散货物流园区等。这些物流园区将充分利用成都陆空结合的交通主枢纽优势，依托长江经济带、丝绸之路经济带战略交汇点和超特大中心城市的经济功能，规划建设立足西部、畅通国内外的重要物流节点城市，形成以公铁空物流为核心的跨区域和空铁物流为主导的物流园区体系。

青海的物流园区主要有丝绸之路国际物流城、朝阳高端生活物资物流园、北川工业物流园、西宁综合保税物流园、中铝物流集团西北国际陆港物流园、青海商贸综合物流园、临空保税物流园、海东物流园区、海西物流园区、多巴综合物流园，积极建设湟源、大通、湟中三大县域物流基地，改造提升九大区域性专业特色物流中心等。

西藏的物流园区主要有拉萨物流园区、拉萨航空物流园区、拉萨综合保税区、那曲物流中心、日喀则物流园区、林芝物流园区、拉萨城投物流集散中心、亨通物流园等，京东西藏物流园运营良好，天猫西藏馆开始运作，顺丰电商物流园区建设正在开展前期工作。另有拉萨生产资料物流中心、保税物流园区等项目处于建设规划中。

5.3.3 川青藏跨境物流通道布局优化

跨境物流通道优化是指围绕物流通道发展定位、功能，依据科学合理的方法对通道进行重组、规划，结合各组成要素、主体的特点对通道进行优化，实现物流业更好的发展和各国间的互利共赢。物流节点的调整和优化要紧随基础设施的供给，在物流节点优化的前提下，物流通道才能更加适应企业的发展、货物供需双方的要求。

首先，布局省域内通道。以西藏为中心，南线以广州、四川等省内主要节点城市框架物流通道的基本走向，以连接省内物流主要节点城市的高等级公路网和连接主要节点城市；北线以甘肃、青海等省内主要节点城市框架物流通道的基本走向，以国家铁路网与周边地区的公路网络为主干，以西藏境内的航空网络以及部分地方铁路、公路为辅助，共同构成川青藏——南亚跨境物流通道的主框架。南线与北线具体可规划为①南线：粤尼班列，班列从广州出发，经成渝铁路、青藏铁路，历时 86 小时到达拉萨，再通过汽车运输到吉隆口岸出境，最终抵达尼泊尔首都加德满都，全程 6070 千米（其中铁路 5200 千米、公路 870 千米）。②北线：甘肃（兰州）国际陆港首发了兰州—日喀则—加德满都的南亚公铁联运国际货运班列，促进了与尼泊尔之间的贸易往来。接着，开通了“兰州号”中亚国际货运班列（兰州—哈萨克斯坦阿拉木图），成为中国发运最多、时效最有保障的中亚国际贸易通道。

其次，布局出境通道。2018 年 5 月，中国国家铁路总公司已经对加德满都—吉隆铁路项目进行了前期可行性研究，估计修建这个项目将耗资约 690 亿卢比（约合 65.6 亿元）。中国修建的铁路网目前已抵达西藏的日喀则，未来将抵达吉隆县。尼泊尔团队还将探讨从尼泊尔一侧启动铁路施工工程的可能性，以便当中国铁路网到达吉隆县时，尼泊尔一侧的铁路可以与吉隆的轨道连接起来。根据尼泊尔铁路网发展计划，加德满都—吉隆铁路项目将进一步连接尼泊尔东西方向铁路网，该铁路网长达 945 千米，分成 9 个部分，每个部分在不同阶段建造。

再次，仓储物流基地的优化。目前西藏有位于日喀则的樟木口岸、吉隆口岸、日屋口岸和位于阿里地区的普兰口岸，樟木口岸、吉隆口岸、普兰口岸是国家级一类公路口岸，日屋口岸是国家级二类公路口岸。受气候条件等综合因素影响，西藏许多口岸都有季节性。现阶段西藏各大口岸的辐射带动作用依然微弱，不能满足日渐开放的发展。未来，需要推进西藏增设口岸，加强已有口岸的管理，加大口岸开放力度，更好地融入“一带一路”倡议以及建设南亚大通道。

最后，构建中印尼自贸区为跨境物流体系的新支点。构建中国—印度—尼泊尔自由贸易区，今后可以使三国各自的优势得以互补，通过双边贸易丰富三边市场，逐步建立符合三国利益的产业分工链，进而促进中印尼三国的经济社会发展。这不但有利于南亚地区的稳定和发展，也符合当今全球经济趋势，实现共同繁荣。

5.4　构建中印尼自贸区的构想与战略分析

由以上分析可知，构建中印尼三国自贸区是完善川青藏次区域合作下跨境物流体系的重要一环。推进建立自贸区符合中国与南亚国家间贸易的发展趋势。在经济全球化的推动下，中国与南亚势必会开展越来越多的国际经贸合作，因此加速资源要素流通也势在必行。通过构建中印尼自贸区有利于提升南亚贸易水平，稳定西部区域的经济发展，为中国经济转型升级营造良好的发展环境。

5.4.1　形势战略背景分析

近年来中国以自贸区发展战略对接“一带一路”建设，逐步推动中国与周边国家经济贸易的繁荣发展。从目前来看，面向南亚对外开放的前沿之地——西藏也正逐步融入“一带一路”倡议，西藏与南亚经尼泊尔和印度相连接，为孟中印缅经济走廊提供另一条绕过马六甲海峡的陆上贸易和投资通道。而修建中尼跨境铁路并设立中尼自贸区一经实现，逐步创造出条件构建中印尼自贸区，共同推动跨喜马拉雅地区成为亚洲发展的新兴区域，这都可能给西藏与印度和尼泊尔的共同繁荣发展带来革命性变化。

5.4.1.1　高层引领增强互信

在推进中国与尼泊尔国家间自贸区建设方面，2016 年 3 月，中尼签署《中华人民共和国商务部和尼泊尔商业部关于启动中国—尼泊尔自由贸易协定联合可行性研究谅解备忘录》，正式启动双边自贸协定联合可行性研究。2017 年 9 月，时任国务委员杨洁篪会见尼泊尔副总理兼外交部长马哈拉，研讨中尼跨境铁路，探索构建中印尼经济走廊；2019 年 3 月和 4 月，国家主席习近平分别会见了尼泊尔总理奥利和总统班达里，双方提出："尼方积极参与共建'一带一路'，双方加强基础设施建设领域的合作，加快构建中尼自由贸易区，继续推动建设中尼跨境经济合作区。"由此可见，适时提出建设西藏中尼自由贸易区并探索构建未来中印尼自贸区的发展战略研究是符合中国与周边国家的发展需求的。

5.4.1.2　中印尼三国全面战略合作

近年来，作为发展中国家，中国和印度在世界新兴市场发展中的进步是有目共睹的；中国和尼泊尔也一直是唇齿相依的友好邻邦，是互帮互助的好兄弟。在"一带一路"倡议提出的 6 年里，中国和印度、尼泊尔等南亚国家积极沟通并取得了丰富的成果。中国通过签署一系列文件、协议，同时颁布相关政策和法规，不断扩大多边贸易开放、稳步推进基础设施建设，并积极推动形式多样的人文交流，从而切实推进了各类资源要素自由流通，有效破解了各类制约区域合作的障碍壁垒。

5.4.1.3　中尼经贸关系持续健康发展

商务部参考资料显示，2015 年中尼双边贸易额达 8.66 亿美元，中方对尼泊尔非金融类直接投资为 3203 万美元，中国已成为尼泊尔的主要投资来源地和第二大贸易伙伴。近年来，中尼经贸关系持续健康发展。建设中印尼自贸区可为两国经贸关系注入新活力，有利于进一步扩大双方投资和贸易往来。而西藏作为我国面向南亚的重要门户枢纽，在与南亚国家双边合作中扮演着重要角色，未来发展空间巨大。

5.4.2 经济战略背景分析

从目前我国 11 家自贸试验区地区分布来看：东部省份有上海、浙江 2 个；南部省份有广东、福建 2 个；北部省份有天津、辽宁 2 个；中部省份有河南、湖北 2 个；西部省份有陕西、重庆、四川 3 个。从西部设立的自贸区来看，重庆重点推进“一带一路”和长江经济带联动发展；四川将推动内陆和沿海沿边沿江的协同开发战略；陕西则侧重“现代农业”。但在与南亚经贸往来策略上，基本没有任何实质性举措。那么在西藏构建中印尼自贸试验区将是非常重要的战略性布局。

南亚贸易走势：从总量上看，2018 年中国进出口总额为 46230.4 亿美元，其中亚洲进出口总额为 23811 亿美元，占总额的 51.5%，与南亚进出口贸易总额为 1401.4 亿美元，占全部总额的 3.03%，占亚洲进出口总额的 5.89%。因此，不论是从国家总量上看还是从亚洲总量上看，与南亚的贸易额体量都占比较少。由此可见，未来与南亚贸易将具有非常大的发展空间。从结构上看，印度作为近年来中国在南亚地区最大的贸易伙伴，2018 年的贸易额达到 955.4 亿美元，占中国对南亚地区进出口总额的 68.4%，同比上升 13.2%。中国在南亚的其他主要贸易伙伴还有巴基斯坦和孟加拉国，其贸易额占比分别为 13.6%、13.3%。进出口总额增长最快的贸易伙伴分别是不丹（同比上升 100%）、马尔代夫（34%）、阿富汗（27%），其增速均在 20%以上，其次是孟加拉国（16.8%）、印度（13.2%）和尼泊尔（11.7%），其增速均在 10%以上。与巴基斯坦进出口总额出现下降，降幅为 5%。不同国别间的变化具有不稳定性，如巴基斯坦，2017 年进出口总额是上升的，而 2018 年下降了①。因此，与南亚不同国别贸易往来需采取不同的贸易策略。

---

① 以上数据均来自商务部数据库网站。

5.4.3 构建中尼自贸区的可行性分析

5.4.3.1 西藏外贸形势回稳向好

西藏近年来积极融入“一带一路”建设，为外贸发展注入强劲动力。据统计，2018 年，西藏外贸形势回稳向好，全年实现进出口总值达 47.52 亿元。中国西藏一直在中尼经贸合作中扮演着重要角色。西藏不断加强边贸市场、边民互市贸易点建设，深入推进“兴边富民”战略，对外贸发展产生积极影响。尼泊尔是西藏最大的贸易伙伴，并在拉萨设有领馆，该领馆是外国在西藏的唯一外交机构。藏尼贸易主要通过樟木口岸进行，占中尼贸易的 90%左右。

2018 年以来，西藏积极应对外贸严峻形势，研究出台出口信用保险和增强边贸企业能力建设等惠企政策，加快培育外贸经营主体综合竞争新优势，着力促进外贸回稳向好。拉萨海关统计数据显示，2018 年西藏外贸进出口总值达 47.52 亿元，边民互市贸易总值突破亿元大关，同比增长 169.3%，其中对尼泊尔双边贸易值同比增长 4.6%，占全年贸易总值的 52.6%①。这都得益于西藏全区外贸发展的软硬环境更加趋于优化。

5.4.3.2 借助“一带一路”东风

2017 年 4 月 24 日，西藏出台《西藏面向南亚开放重要通道建设规划》，积极响应“一带一路”倡议，稳步推进中尼边境经济合作区建设，为我国的外贸发展注入了强劲动力。同时，拉萨海关深化改革，积极响应和推进构建孟中印缅经济走廊以及“环喜马拉雅经济合作带”，进一步助力我国与南亚国家的边境合作，而边境贸易是西藏在推进“一带一路”建设中的核心任务。在商务部等国家有关部门的支持下，西藏利用对外援助等政策性资金，沿吉隆、樟木口岸方向支持尼泊尔建设公路、桥梁等基础设施，同时吉隆、普兰等口岸基础设施建设正

① 西藏在线.2018 年西藏外贸进出口总值达 47 亿余元［EB/OL］.http：//www.tibetol.cn/html/2019/xizangyaowen_0130/41474.html［2020-11-12］.

不断得到加强，进一步提升了与尼泊尔等周边国家基础设施互联互通水平。

5.4.3.3　“软环境”“硬环境”持续改善

中尼自贸区“软环境”的改善得益于《西藏面向南亚开放重要通道建设规划》的推动；而“硬环境”的改善得益于拉萨海关的深化改革，不断推进“三互”（信息互换、监管互认、执法互助）大通关、关检合作“三个一”（一次申报、一次查验、一次放行）、“单一窗口”、全国海关通关一体化改革等项目落地，以及积极响应和推进“一带一路”南亚通道建设、中尼边境经济合作区的建设，推进孟中印缅经济走廊和“环喜马拉雅经济合作带”的构建。

5.4.4　构建中印尼自贸区的风险性分析

结合中印尼自贸区的基础条件与建设现状，下文将从建设资金、经营成本、销售效益等方面对中尼两方构建中印尼自贸区进行风险性分析。

5.4.4.1　建设资金量大，回报慢

随着中尼两国对接“一带一路”建设程度的提高、中方银行业对中印尼自贸区建设的金融支持力度的增大以及中尼两国经济一体化进展的加快，大量资金与先进技术的投入使得中印尼自贸区建设的速度与质量都将得到质的提升。中尼两方政府希望加强双方在自贸区构架下合作力度的愿望与两国政府支持及金融企业投资的增长，中印尼自贸区建设将获得丰厚稳定的资金续航。同时，自贸区建设是一个需要长期投入且返利较慢的过程，但在政府保障及经济支持下，中印尼自贸区的效益前景十分可观，且该项目建设资金受不确定因素影响较小，因此中印尼自贸区建设在建设资金方面的安全性较高，且未来经济风险较小。

5.4.4.2　经营成本要承担一定的风险与压力，但收益丰厚

中印尼自贸区建设进程的加快为其日后发展提供了正向支持，其经济收益的逐年增长作为一部分运营资金重新投入项目经营中，减轻了中印尼自贸区经营负担的同时也为其长远发展做出了贡献。据资料显示，近年来，中尼经贸关系持续

健康发展，2015 年，中尼双边贸易额达 8.66 亿美元，中方对尼泊尔非金融类直接投资为 3203 万美元，中国已成为尼方第二大贸易伙伴和主要投资来源地。加之中国政府管理部门与金融行业在经济方面的支持，以及中尼两国贸易往来收入的逐年增长，可分析出经营成本层面虽承担一定的风险与压力，但其长远发展势必会给中尼自贸区经济建设以及两国综合实力的长远发展带来丰厚的收益。

5.4.4.3 中印尼自贸区建设后预计销售效益颇丰

2017 年，中尼两国贸易额达 9.9 亿美元，同比增长 11.2%。2018 年，西藏对尼泊尔双边贸易值同比增长 4.6%，占全年贸易总值的 52.6%。中尼经济一体化与命运共同体的建设与两国经济发展呈现相辅相成的关系，中印尼自贸区的建设对双方外贸往来的重要性不言而喻，加快中印尼自贸区建设势必会对中尼双方经济的长远发展与综合国力的提升产生积极影响，在此背景下，构建中印尼自贸区建设的风险是值得尝试的。

5.4.5 构建中印尼自贸区的机制途径

经过上述构建中印尼自贸区可行性分析以及风险分析，可以得出：构建中印尼自贸区利大于弊，因此，应加快推进中印尼自由贸易机制和相关平台建设，分步骤推进中印尼自贸区建设。具体步骤如下：

第一，继续深化西藏吉隆、樟木国际边贸口岸建设。目前吉隆国际开放口岸可先从中尼跨境经济合作区发展起来，为构建中尼自贸区打下坚实基础。这些边贸口岸将依托与尼泊尔的深度合作，通过中尼铁路的修建建立起跨境物流体系，实现中尼双方基础设施互联互通。中尼两国在 2016 年签署了一项过境运输协定，其议定书已经定稿。中尼两国还签署了能源合作协议和发展跨境经济区的协议，以加强中尼双方在经贸、人文、宗教、旅游等方面合作，重点发展旅游休闲、文化科教和基础设施建设等产业，实现以深化区域合作为导向、“互惠型”的制度设计创新。

第二，根据当前国际经济形势，以推进构建中尼自贸区作为首要实施目标。可参照广州南沙自贸区三大片区（广州南沙自贸区、深圳蛇口自贸区、珠海横琴自贸区）的构建模式，以吉隆国际开放口岸作为自贸区主阵地，樟木口岸（面向尼泊尔首都加德满都）、亚东（面向印度）口岸以及普兰口岸作为中尼自贸区组成部分，共促中印尼三国的经贸合作往来。

第三，规划中尼自贸区的未来愿景。从目前贸易增长、结构和规模等方面分析来看，中尼自贸区完全有能力作为三国经贸合作往来发展的实体，将中国西部与尼泊尔地区的发展连接起来，同时又以尼泊尔作为中国和丝绸之路经济带其他国家通往南亚的门户，以达到吸引印度参与共建“一带一路”的示范目的。

中印尼自由贸易试验区可通过产品输出、跨国企业开设、项目投资与运营等方式，顺利实现南亚各国与中国互利互惠。在产品进出口的同时，促进了国与国、地区与地区间的友好往来，丰富了当地文化和产品种类，带动了居民国内外就业，拉动了区域间的经济增长，进而实现了增收。以基础设施先行，开通各国间的通道，对于优化营商环境、吸引投资、拉动旅游业等都有极大的作用。构建中印尼自由贸易试验区“集散地”，塑造丝绸之路上的“新枢纽”，可以降低贸易往来成本，加快贸易流通速度，带动沿线地区经济发展，让边疆更多的群众享受发展红利。

第 6 章　建设南亚跨境物流系统的服务效力评价研究

中国面向南亚建设跨境物流系统与境内物流系统不同，跨境物流通道服务水平成为实现国际物流过程的一项重要因素，它会直接影响到进出口产品价格、质量以及配送达的准时性等多个状况。因此本书将在现有研究基础上结合西藏的特点，建立具有完好性、可靠性、安全性的指标评价体系框架。

6.1　评价南亚跨境物流系统服务的必要性

通过以上分析，我们认为西藏有必要联合四川、青海两省从次区域经济合作带的角度共建中国与南亚互联互通、对外开放与合作，并从完备性、响应性、可靠性、安全性等角度对南亚大陆桥跨境物流体系进行评价。

6.1.1　综合评价的必要性

习近平总书记在第七次西藏工作座谈会上强调以要素和设施建设为支撑，以制度机制为保障，加快推进西藏高质量发展。西藏位于中国西南边疆，青藏高原的西南部，国内与“一带一路”区域上的四川、云南、新疆、青海四个省份接壤，国外与尼泊尔、不丹、印度、缅甸等南亚国家接壤，具有联通国内外的重要战略地位。川青藏三省各自利用自己的区位优势，积极地参与到与南亚国家的“一带一路”国际合作中来。西藏以尼泊尔为重点方向，推进基础设施互联互通，实施边贸恢复增长和一般贸易质量的提升，建设面向南亚开放大通道并积极推进“环喜马拉雅经济合作带”建设；青海以中巴、孟中印缅经济走廊建设为重点，积极推动与相关国家陆路、空路、互联网、能源“四路”建设，以更积极的姿态融入“一带一路”建设；四川以自贸区为核心突破口，大力发展多式联运，提升国际班列运营效能，积极参与国际陆海贸易新通道建设，推进与南向东向地区基础设施共建共享和贸易投资便利化。川青藏三省区正以各自的发展优势共同推进南亚跨境物流大通道的建设进程。

建设南亚大通道涉及远距离跨越南亚多个国家，提供门到门型国际物流服务。南亚大通道具有路线长、风险大、手续繁杂、时间长等特点，对建设南亚大通道物流系统提出了更高的通畅性和管理性要求。南亚大通道物流服务水平的高低会直接影响中国与南亚国家进出口货物的价格、运输的质量和抵达的准确性。营运方式的不同，导致运输方式、费用、运输速度、交货方式、单证结算以及安全可靠性都存在差异。

综上所述，为全面打开中国与南亚国家的开放交流，有必要结合四川的经济发展优势，发挥青海的衔接作用，促进川青藏三省区域一体化发展，优势互补，共同推进南亚大陆桥跨境物流系统建设。

6.1.2　综合评价的原则和选取

物流体系的完善程度关系到对外贸易竞争力的优劣，构建一套符合中国面向南亚跨境物流体系特点和实际的评价指标体系，对中国面向南亚跨境物流体系进行科学合理的评价是非常有必要的，具体分析如下：

6.1.2.1 构建评价体系可以弥补编制数据依据有效性和准确性不足的问题

针对中国面向南亚跨境物流体系物流采样信息不充分、物流业标准体系不完全、有关物流情况的数据获取较困难、部分指标存在无法量化的情况，可采用模糊综合评价法对跨境物流体系进行评价。为了解决难以量化等问题，将采用模糊数学的隶属度理论把定性评价转为定量评价，此方法恰恰可以满足中国面向南亚跨境物流体系编制数据依据有效性和准确性不足的问题需求，从而使评价结果更加具有公正性、客观性。

6.1.2.2 构建评价体系可以有助于畅通贸易

由于中国面向南亚带跨境物流体系在国内横跨三个省份，还要对接南亚多个国家，每个地区由于多种原因对物流评价的侧重点各有不同，统计口径也不一致，因此在统计相关数据时会出现较大误差，从而影响相关企业的决策，甚至不利于双方长期贸易合作。因此构建科学的评价体系有助于双方在进行贸易时做出更加合理科学的判断，有助于双方贸易的发展，畅通贸易渠道。

6.1.2.3 构建评价体系可以对跨境物流体系的优劣和效率做出更加科学的判断

首先，根据中国面向南亚跨境物流体系的实际情况构建实际可行的评价体系，可以对跨境物流体系的优劣和效率做出更加客观公正、科学合理的判断，并能发现跨境物流体系现存的问题，以便及时修正；其次，相对于各类评估方式而言，构建评价指标体系可以从完备性、可靠性、响应性、安全性、经济性等指标出发，对跨境物流体系的优劣和效率做出更加全面可靠的评价，从而使评价结果更加具有客观性以及参考价值。因此，应当满足以下几个原则：

（1）代表性与可比性原则。本书选取的指标体系能够很好地反映研究对象的相关方面的特性，因此具备一定的代表性。同时选取的评价指标具有较大差异性，可比性越强，越可以大幅度提高评价结果的可信度。

（2）实用性原则。本书选取的评价指标含义明确，具有极强的可操作性和现实意义。指标体系简明、容易掌握。

（3）独立性原则。本书选取的评价指标之间保持相对的独立性，每个层次间的指标避免相互重叠，相互之间不存在因果关系。

6.2　南亚跨境物流系统的评价体系构建

6.2.1　跨境物流服务评价指标构建

中国面向南亚跨境物流与境内物流不同，跨境物流有特定的区域限制，因此在借鉴已有研究成果的基础上，需要进行一定的创新。跨境物流服务质量评价体系的已有主要研究成果对评价维度的划分如表 6-1 所示。

表 6-1　跨境物流服务质量评价体系已有研究对评价维度的划分

序号	研究者	跨境物流服务质量评价体系的评价维度划分
1	李庆昌（2016）	有形性、可靠性、响应性、保证性、移情性
2	李旭东（2018）	有形性、可靠性、响应性、安全性、经济性
3	朱茜（2020）	物流运输完好性、服务可靠性、响应及时性、信息交互准确性
4	乔晓冰（2020）	可靠性、时效性、经济性、安全性、有形性

在现有研究基础上结合西藏的特点，我们将有形性、物流运输完好性与保证性归结为完备性，将信息交互准确性、服务可靠性、移情性与可靠性归结为可靠性，将响应及时性与时效性与响应性归结为响应性，考虑到中尼运输线路的特殊地理环境，我们将安全性纳入指标体系内，由于物流业需要考虑到企业的经济效益，因而我们将经济性纳入指标体系内，最终建立以完备性、可靠性、响应性、安全性、经济性为一级指标的总体框架。

服务质量（Service Quality，简写为SERVQUAL）理论出现于20世纪末，该理论主要是为了解决服务取决于用户所感知的服务水平以及用户期望得到的服务质量问题，运用该理论建立SERVQUAL评价模型，选取“保证性”“响应性”“可靠性”“移情性”和“有形性”五个指标来衡量服务质量的标准。其中“保证性”是指确保顾客购买的商品是准确无误的；“响应性”是指愿意帮助并且及时提供服务；“可靠性”是指准确、可靠地提供所承诺服务的能力；“移情性”是指关注顾客需要的服务；“有形性”是指服务过程中的实体部分，包括服务设施、设备、服务人员的外表。

通过对国内外文献关于物流服务（质量）指标的收集整理，并运用SEVQUAL模型，首先建立了五维度总体框架（完备性、可靠性、响应性、安全性、经济性），在进一步剖析跨境物流服务的具体需求后，分析整理出针对跨境物流服务评价指标。

6.2.1.1　物流服务完备性

从消费者角度出发，对物流环节中“可靠性”“保证性”等维度进行提取归纳。具体的物流环节包括区域设施完善度和作业装备完备性。区域设施完善度包括跨国物流区域具有较完备的适用于跨境物流订单处理、转运、仓储与配送的现代化服务设施；而作业装备完备性包括跨境物流各环节具有较完备的操作装备与工具等。

6.2.1.2　物流服务可靠性

这一维度重点关注快递物品完好率、跨境物流速度可靠性、跨境物流网络便捷度和通关效率。快递物品完好率指跨境运输货物到达目的地时的完好情况；跨境物流速度可靠性指的是平均物流运输时间（从离岸至到岸）；跨境物流网络便捷度指的是进行跨境物流业务时网购沟通便捷程度；通关效率指的是跨境物流进出口通过口岸的速度。

6.2.1.3　物流服务响应性

我国跨境物流的消费者在选择是否购买时，主要考虑物流服务价格是否经济合理、收货环节和物流查询是否便利这两个因素。所以这一维度重点关注响应及时性和区域服务便捷性。响应及时性包括及时响应客户需求以及问题反馈，物流信息查询便捷；区域服务便捷性包括境内外通关手续办理便捷。

6.2.1.4　物流服务安全性

这一维度重点关注跨境运输安全性和物品准入安全性。由于物流行业的特殊性，无论是自建物流还是外包物流服务，消费者对物流服务的评价都会转化为对物流本身的评价。信息化时代，人们越来越重视隐私问题，所以跨境运输安全性包括跨国物流中货物离岸后的风险；物品准入安全性包括入境货物检验是否规范、信息安全、物品准入准出安全性和区域综合安全监控等二级指标。

6.2.1.5　物流服务经济性

这一维度重点关注跨境运费结构和跨境结算便利性。跨境运费结构包括运输费用结构是否合理；跨境结算便利性包括跨境物流业务中各项费用的结算支付便利高效。

表 6-2　跨境物流服务评价指标体系

评价目标	一级指标	二级指标		
		评价指标		评价指标的具体描述
南亚跨境物流服务评价体系	完备性 A	A1	区域设施完善度	跨国物流区域具有较完备的适用于跨境物流订单处理、转运、仓储与配送的现代化服务设施
		A2	作业装备完备性	跨境物流各环节具有较完备的操作装备与工具
	可靠性 B	B1	快递物品完好率	跨境运输货物到达目的地时的完好情况
		B2	跨境物流速度可靠性	平均物流运输时间（从离岸至到岸）
		B3	跨境物流网络便捷度	进行跨境物流业务时网购沟通便捷程度
		B4	通关效率	跨境物流进出口
	响应性 C	C1	响应及时性	及时响应客户需求以及问题反馈，物流信息查询便捷
		C2	区域服务便捷性	境内外通关手续办理便捷
	安全性 D	D1	跨境运输安全性	跨国物流中货物离岸后的风险
		D2	物品准入安全性	入境货物检验是否规范
	经济性 E	E1	跨境运费结构	运输费用结构是否合理
		E2	跨境结算便利性	跨境物流业务中各项费用的结算支付便利高效

注：参见南亚跨境物流服务体系专家打分表（附文后）。

6.2.2 跨境物流服务评价指标说明

6.2.2.1 南亚跨境物流体系运输能力

运输能力是南亚跨境物流系统所能提供的最基础服务，也是其中最核心的功能。南亚跨境物流体系以公铁联运为核心运输方式，因此其运输能力的关键就取决于公路、铁路和航空的运输能力。因此本书在构架南亚跨境物流服务评价体系中，主要测度了物流企业是否涉及南亚跨境物流运输业务，是否涉及南亚八国，主要采取哪种运输方式等。运输时长反映了南亚跨境物流服务通道的运输速度，运输时长越短，表明南亚跨境物流体系的运输能力越强。为了能够客观全面地反映陆桥通道的服务效果，本指标评价体系从物流企业的角度，运输时长综合反映了陆桥通道通畅能力。运输时长的测算是从运输离岸到到岸的时间长短来反映。运输时间越长表明南亚跨境物流体系运输能力越差，越短表明南亚跨境物流体系运输能力越强。

6.2.2.2 南亚跨境物流体系运输通畅性

南亚跨境物流通道由于沿途经过多个国家、境内外多个口岸，因此需要多次换装等作业，在一定运输成本的前提下，能够让客户对一系列服务满意是较为困难的。从前面的分析可以看出，中国通往南亚国家的货物理论上可通过航空、公路等直接通达，但是在实际南亚大陆桥物流通道服务中，在转轨换装和南亚各国海关、口岸通关等关键节点上，车辆装卸、海关查验等都具有不可预测性，这可能会导致南亚运输时限、装运等存在不可预测性。因此南亚跨境物流通道不仅要通，更需要畅。同时南亚跨境物流通道的经营管理需要全程的监控和跟踪，及时向货主进行信息反馈，保障通道信息服务的通畅。因此本书对南亚跨境物流体系的通畅性测度主要通过口岸通关干扰、通关口岸数量、准运分拨次数、通关手续便捷性等来体现。

（1）口岸通关干扰。由于南亚国家在贸易往来中受政治等社会因素的干扰较多，通过询问物流企业的货物在各国口岸通关时是否遇到干扰作为直接反映通道通畅性的指标。

（2）通关口岸数量。南亚跨境物流体系需要经过各国海关、口岸进行查验。因此，通关口岸数量决定了通关查验的次数和时间的长短。通关口岸数量越少，南亚跨境物流体系通畅性就越好。

（3）转运分拨次数。此指标反映的是南亚跨境物流通道由于途经各国铁路轨距、车辆装载要求、通关许可等不同，需要进行集装箱换装、转运分拨等所造成的通道通畅性影响。转运分拨次数越少，表明南亚跨境物流通道的通畅性就越好。

（4）通关手续便捷性。考虑到在南亚国家通关时可能受到干扰，因此通过询问物流企业的货物在各国口岸通关时通关手续是否便捷来直接反映通道的通畅性。

6.2.2.3　南亚跨境物流体系安全性

本书考量南亚跨境物流服务的安全性主要体现在货物运输的安全性上。陆桥通道可能涉及多种交通运输工具，加之路程长、气候变化多等多种复杂因素，因此保障运输途中的安全性尤为重要。本书调查的南亚跨境物流服务安全性指标主要包括：通道在运输途中面临的风险、口岸停留的风险、货物入关面临的风险等。

（1）运输途中面临的风险。该指标反映了南亚大陆桥跨境物流通道在运输途中可能遇到的风险，例如运输路途中运输工具（车、船等）受损、天气造成的事故风险、运输中货物包装受损以及货物遗失风险等。

（2）口岸停留面临的风险。该指标反映了货物到岸后，在口岸停留时可能面临的各种风险。例如，对方国家政治经济发展重大变化引发的风险（导致项目失败、项目信用结构改变以及项目债务偿还能力改变等）、贸易管制风险（包括歧视性贸易政策)、突发的汇率管制导致的结算、债务偿还等风险、价格波动风险、欺诈性风险（包括合同欺诈、贸易结算欺诈等)、各种因素导致的无法按时到货的风险以及生鲜食品到货时的质量风险（如腐烂变质等)。

（3）货物入关面临的风险。该指标反映了货物在入关时面临的风险。包括在南亚跨国物流线路中，入境货物检验是否规范以及在南亚国家跨国物流运输到达目的地时货物的完好情况。

6.2.2.4 南亚大陆桥跨境物流服务经济性

南亚大陆桥跨境物流服务经济性是客户选择该服务的基础性指标。客户会综合比较其物流服务的性价比，最终选择最具有竞争力的通道服务达成协议。南亚跨境物流通道经营者提供的物流报价通常是该通道服务的综合物流费用。本书衡量南亚跨境物流通道的综合物流费用主要使用了申报的运输费用（包含装卸费等）占该货物总价值（即合同总价值，无论是 CIF 价还是 FOB 价）的比例这一指标。运输费用往往与运输距离成正比，该指标占比越大表明运输费用越高。同时，本书还通过衡量境内外分拨次数来反映物流的经济性。转运和分拨次数越少，所需要的物流费用也就会越少，物流运输时间也就会越短，经济性也就越高。

6.2.2.5 南亚大陆桥跨境物流服务响应性

南亚跨境物流通道的服务响应性主要是指在运营过程中涉及车或船公司、铁路承运部门、港站、贸易商、海关、联检单位、银行等不同国家多个部门，各业务环节之间的运营合作也存在着复杂性。因此各环节之间为整体利益目标相互响应、相互协调，最终实现物流服务效率的最大化。本书通过衡量物流园区的基础设施完善程度以及物流体系的管理运营能力高低来反映南亚跨境物流通道服务的响应性。因此南亚通道跨境物流服务响应性指标包括境内外转运分拨是否合理、内转运和分拨节点的基础设施完备情况、境内节点物流系统的指挥和管理能力、境外物流园区建设情况、境外保税制度是否完善以及物流运输周转中的临时仓储设施情况。

6.2.2.6　南亚跨境物流信息服务性

南亚跨境物流通道要想获得较高效率的物流服务一定离不开全面、高速、综合的信息化服务网络，包括获取、传递、实施等全方位的物流信息功能。南亚跨境物流通道信息系统包含了运输信息、货物跟踪、结算信息等。因此本书衡量南亚跨境物流通道的信息服务性主要使用的指标包括：运输信息查询、客户的需求信息反馈、网络支付结算信息、进出口单证信息以及是否建立完备的南亚市场行情信息公示平台等。

综上所述，本书对南亚跨境物流服务综合评价指标体系的建立和筛选进行了分析。首先从分析南亚大陆桥跨境物流通道服务水平评价的必要性入手，研究了南亚跨境物流通道服务具有整体性、经济性、安全性、网络性等特点，提出从南亚跨境物流通道的运输能力、通畅性、经济性、安全性、响应性和信息服务性六个方面 30 个指标综合评价南亚大陆桥跨境物流通道服务水平。

6.3　南亚跨境物流体系服务评价的实施

6.3.1　构建模糊综合评价模型

（1）假设本书设有 p 个评价指标，确定因素集为 U，因素集 $U=\{U_1, U_2, \cdots, U_m\}$。其中因素集元素 $U_i(i=1, 2, \cdots, m)$是 p 个影响因素在川青藏跨境物流评价中各个评价指标的集合。

（2）确定评价等级，$V=(v_1, v_2, \cdots, v_m)$，建立模糊子集。

(3) 构建模糊评价矩阵 $R=(r_{ij})_{n\times m}=\begin{pmatrix} r_{11} & \cdots & r_{1n} \\ \vdots & \ddots & \vdots \\ r_{m1} & \cdots & r_{mn} \end{pmatrix}$。

其中，模糊评价矩阵中的元素$(r_{ij})(i=1, 2, \cdots, n, j=1, 2, \cdots, m)$为 U 中元素 u_i 对应 V 中等级的隶属关系，是第 i 个因素对该评价对象的单因素评价，构成模糊综合评价的基础。

(4) 确定南亚跨境物流各个评价指标的权重。根据层次分析法，构造成对的比较矩阵，并进行一致性检验，从而得到各级评级指标的权重 $w=(w_1, w_2, \cdots, w_p)$。

(5) 选择合成算子，模糊综合评价基本模型为 $B=w\cdot R=(w_1, w_2, \cdots, w_m)\begin{pmatrix} r_{11} & \cdots & r_{1n} \\ \vdots & \ddots & \vdots \\ r_{m1} & \cdots & r_{mn} \end{pmatrix}=(b_1, b_2, \cdots, b_n)$，并进行综合评价，其中，$b_i(i=1, 2, \cdots, n)$表示被评价事物从整体上对 v_j 等级的模糊子集的隶属程度。

6.3.2 模糊综合评价实施

本书根据物流公司资深人士对南亚跨境物流服务评价体系各个指标的打分结果，使用模糊综合评价模型构建步骤如下：

6.3.2.1 因素集

$U=\{A, B, C, D, E\}$，其中 $A=\{A1, A2\}$，$B=\{B1, B2, B3, B4\}$，$C=\{C1, C2\}$，$D=\{D1, D2\}$，$E=\{E1, E2\}$。

6.3.2.2 评语集

$V=$ {同等重要，稍微重要，较强重要，强烈重要，极端重要}，打分的分值为1~9，其中1代表同等重要，3代表稍微重要，5代表较强重要，7代表强烈重要，9代表极端重要。层次分析法重要性量表如表6-3所示。

表 6-3　层次分析法重要性量表

因素 i 与因素 j	同等重要	稍微重要	较强重要	强烈重要	极端重要	两相邻判断的中间值
量化值	1	3	5	7	9	2，4，6，8

6.3.2.3　评价指标的权重值调查分析

权重调查采用层次分析法（AHP），专家首先对五个评价维度（一级指标）的权重值进行评价打分，权重值的总和必须为 1；其次再对各项评价指标（二级指标）的权重值进行评价打分，每个评价维度包含的评价指标权重值总和必须为 1；最后每个二级评价指标的权重值和所属一级评级指标的权重值相乘得出评价指标综合权重值（所有统计中均保留三位小数以保证精确度）。借助 AHP 专用分析软件 Expert Choice，统计出的各项评价指标权重值如表 6-4 所示。

表 6-4　评价指标权重值

一级指标	权重	二级指标	权重	评价指标综合权重值
完备性 A	0.141	区域设施完善度 A1	0.510	0.141×0.510=0.072
		作业装备完备性 A2	0.490	0.141×0.490=0.069
可靠性 B	0.321	快递物品完好率 B1	0.302	0.321×0.302=0.097
		跨境物流速度可靠性 B2	0.287	0.321×0.287=0.092
		跨境物流网络便捷度 B3	0.205	0.321×0.205=0.066
		通关效率 B4	0.206	0.321×0.206=0.066
响应性 C	0.179	响应及时性 C1	0.516	0.179×0.516=0.092
		区域服务便捷性 C2	0.484	0.179×0.484=0.087
安全性 D	0.214	跨境运输安全性 D1	0.592	0.214×0.592=0.127
		物品准入安全性 D2	0.408	0.214×0.408=0.087
经济性 E	0.145	跨境运费结构 E1	0.503	0.145×0.503=0.073
		跨境结算便利性 E2	0.497	0.145×0.497=0.072

6.3.2.4　评价结论

由表 6-4 可以看出，在一级评价指标的五个维度中，“可靠性”和“安全性”权重值分别为0.321、0.214，其权重值之和高达0.535，表明在南亚跨境物流评价体系中，物流运输业务高度关注“可靠性”与“安全性”，是对南亚跨境物流服务建设具有较大影响的评价指标；在12个二级评价指标当中，“跨境运输安全性”“快递物品完好率”以及“跨境物流速度可靠性”位列前三，其综合权重值依次是0.127、0.097、0.092，三者权重值和为0.316，该数据表示物流公司在实际评价南亚跨境物流服务建设时最关注这三个影响因素。

（1）在南亚跨境物流评价体系一级指标层面，“可靠性”的评价权重最高，达到0.321，“安全性”次之。说明在进行跨境物流业务过程中，专家最为关注物品的完好性、运输速度、物流网络便捷度以及通关效率，体现出现代社会对于速度、网络的不可或缺性；其次关注的是跨境运输安全性以及物品准入安全性，其涵盖货物的安全、运输人员的人身安全以及运输设施安全等，“安全第一”表现了人们对于安全的重视程度，其数据分析结果与我们实际预想的结果一致。“完备性”的评价权重最低，为0.141，说明专家在评价时对于“完备性”这个维度关注较少，或者说实际跨境物流过程中区域设施完善度和作业装备完备性得到较好的实现。因此，在整个南亚跨境物流建设中，积极完善道路设施、建立合理完善的节点口岸来减少运输途中由于路况恶劣造成的运输设施（车、船）、货物的损坏甚至是运输人员的伤亡。涉及“安全性”的各个方面得以改善可以在一定程度上提升南亚跨境物流体系的评价度。

（2）在“可靠性”评价指标下，“快递物品完好率”这个评价指标维度占比最高，达到0.302，即在“可靠性”相关下属评价指标中，专家相对更加关注“快递物品完好率”。换言之，在进行南亚跨境物流运输相关业务时，首要注重的是运输货物的完好度，在货物正式交给买方之前要尽可能保证货物完好。正如在调研相关物流公司时发现的情况，货物包装受损的情况常有发生，比例甚至高达90%，尽管有80%的相关业务都会选择购买离岸保险，但是破损的货物仍然会导致相关企业的经济收益受到损害，并无法得到保险公司的全额赔偿。南亚跨境物流运输业务选择公路运输、海运、航空运输的比例分别为 70%、60%、40%，由此可见南亚物流绝大多数依靠公路和海运，尤其是对公路的依赖度最高，这会导致运输时间过长，而调查也发现有 70%的业务平均物流运输时间在 10 天以上。我国到南亚国家的部分路段的公路路况较差，车辆行驶过程较颠簸，运输时间增加的同时也带来了更多的货物破损风险。因此，通过加强配套基础设施建设，加大铁路建设，增强铁路运输力度，可以更好地保障货物在运输路途中的完好性，同时也可以使物流运输公司获得较好的收益，从而使其对于南亚跨境物流的评价得以提升，进而使得更多公司参与到南亚跨境物流运输业务中，增加其业务量，提高该物流线路的利用率。

（3）通过各项二级评价指标权重对比发现："跨境运输安全性""快递物品完好率"以及"跨境物流速度可靠性"的综合权重位列前三，与上述两点分析相同，都表示物流运输公司对"安全""完好度"两个维度的注重度高。"跨境物流网络便捷度"和"通关效率"这两个二级指标的综合权重最低（0.66），说明在 12 个二级指标中，物流运输公司对这两个指标的关注相对于其他指标较低，即这两个指标对专家评价整个南亚跨境物流体系的影响程度较低。

针对"物流网络便捷度"这一指标而言，这可能是因为周边南亚国家的网络建设完善度较低，因此对评价物流公司服务的影响不大。对相关物流公司进行调研后发现：综观南亚跨境物流体系，网络普及率较低，网络实时追踪信息滞后，60%的跨境物流公司反映尚未建立完备的市场行情公示平台。因此在进行现有业务时，其对于网络的依赖度较低，网络普及率较少影响相应物流运输公司现有的与南亚国家相关业务的效益，最终导致跨境物流公司对"物流网络便捷度"这一指标的评价关注度不高。而对于"通关效率"而言，境外通关口岸在 3 个以内、境内通关口岸在 5 个以内的占比均达到 60%，境内经过 4 次以下转运和分拨的比例为 90%，而境外经过 4 次以下转运和分拨的比例为 100%。在与南亚国家进行跨境物流业务时，通关口岸的数量较多，转运和分拨的次数较高，因此尽管通关手续不便捷程度较高（调查发现境外通关口岸的手续办理不便捷比例高达70%），但是其对“通关效率”这一指标的评价关注度仍然不高。

基于此，我们发现，在一级指标的五个维度中，“可靠性”权重最高，“安全性”次之，“完备性”最低，而在12个二级指标中，“跨境运输安全性”“快递物品完好率”以及“跨境物流速度可靠性”的综合权重位列前三，“跨境物流网络便捷度”和“通关效率”的综合权重最低。因此在提高保障“可靠性”的同时，“安全性”也是南亚跨境物流体系建设的主要侧重方向。在建设南亚跨境物流体系中，应当加强公路路况的建设，扩大铁路建设，增强铁路运输能力，通过良好的道路来保障运输速度可靠性、货物包装的完好性；通过积极完善各个境内境外通关口岸的基础设施，包括网络、手续办理等各个方面提高通关速度和效率来进一步提高“可靠性”；通过建设完善的周转仓储来保障货物运输的完好度，避免因天气、人为等原因造成货物包装、数量的损失。只有通过一系列的措施提高“安全性”“可靠性”，才能使更多的物流运输公司进入该路线运营，使南亚跨境物流整个体系得以更好地利用。

6.3.3 小结

快递物流是加强南亚跨境贸易畅通的关键支撑，构建有效的跨境物流服务评价体系，对于准确找出服务短板并提升服务质量具有重要的理论意义和应用价值。本书在现有研究的基础上，结合西藏的实际情况，构建了“完备性”“可靠性”“响应性”“安全性”和“经济性”五个维度的一级指标框架，整体上对南亚跨境物流服务评价体系在保证了匹配性的同时又保有针对性；采用问卷调查、AHP分析和权重分析方法对各项评价指标的重要性进行定量打分，可以较为真实地反映南亚跨境物流服务质量的各个指标在客户心目中的重要程度，保证了各项评价指标的客观性、合理性，同时构建模糊综合评价模型，有效避免凭借经验进行目标选择所固有的主观性，使得结论更加科学可靠。

本书对于南亚跨境物流服务评价体系的应用效果进行了实证检验，结果表明：通过赋予五个一级指标和 12 个二级指标相应的权重以及分析相关问卷调查的数据，可以发现南亚跨境物流服务的服务质量短板和急需解决的问题，据此可以采取有效提升跨境物流服务的短板完善措施，提升南亚跨境物流通道利用效率。

第7章　结论与政策建议

7.1　主要结论

本书对中国对外基础设施互联互通，特别是中国对南亚国家基础设施互联互通建设情况进行总结，通过实地调研数据对中国面向南亚的跨境物流现状、需求及未来潜力进行分析，并进一步提出中国面向南亚跨境物流系统规划方案并设立相关评价指标体系进行综合评价，主要得出以下结论：

首先，西部省份是面向南亚建设跨境物流系统的主体，各省份间存在区位、战略规划、经贸实践等各种差异。西部省份在融入“一带一路”面向南亚开放上有趋同点，但优势和劣势差异也很明显：西藏经济实力最为薄弱，青海次之，仅凭一省之力缺乏后方经济体支撑，无疑会加大面向南亚市场对外开放的难度。因此，需要把西部的川青藏三省作为一个整体与南亚国家展开次区域经贸等各项合作，通过构建跨境物流系统对川青藏三省进行战略重组和资源整合，避免各自为战，造成重复性建设和资源浪费，发挥三地在南亚战略中的整体优势。

其次，规划区域合作跨境物流体系推进中国与南亚基础设施互联互通及南亚国际大通道建设。本质上南亚陆路大通道就是一个跨境物流交通运输建设系统，而跨境物流系统优化设计会从规模和定位基础上具体对各子系统的选点、模式选择、功能等进行优化设计，具体包括：跨境交通运输子系统设计、跨境物流节点子系统设计、跨境物流流程子系统设计以及跨境物流信息子系统设计。最后统筹子系统之间相关关系与协作，最终提出适宜中国与南亚国家经济发展的跨境物流体系。

最后，结合实际情况选取评价指标体系并综合评价。通过发放南亚跨境物流服务体系的专家打分表，我们发现，在南亚跨境物流服务中，“可靠性”最重要，“安全性”次之，“完备性”最低。企业专家等普遍认为“跨境运输安全性”“快递物品完好率”以及“跨境物流速度可靠性”最为重要。因此在提高保障“可靠性”的同时，“安全性”也是南亚跨境物流体系建设的主要侧重方向。

综上所述，未来在建设南亚跨境物流体系中，应当加强川青藏三省的公路路况建设，扩大铁路建设，增强铁路运输能力，通过良好的道路来保障运输速度可靠性、货物包装的完好性；通过积极完善各个境内境外通关口岸的基础设施，包括网络、手续办理等各个方面来提高通关速度和效率；通过建设完善的周转仓储来保障货物运输的完好度，避免因天气、人为等原因造成货物包装、数量的损失。只有通过一系列的措施提高“安全性”“可靠性”，才能使更多的物流运输公司进入该路线的运营，使南亚跨境物流整个体系得以更好地利用。

7.2 做好区域顶层设计

7.2.1 区域协同合作的必要性

目前用于推动中国与南亚国家间开展多方面合作与交流往来的孟中印缅经济走

廊和中巴经济走廊进展极为迟缓，南亚国家参与“一带一路”建设相较其他区域进程缓慢，参与的积极性较低。同时，综合对比西部的川青藏三省的区位优势、战略规划、经贸实践等发现，三省区在南亚战略上有趋同点，但优势和劣势差异也很明显。因此需要对川青藏三省进行战略重组和资源整合，发挥三地在南亚战略中的整体优势，确立川青藏三省在“环喜马拉雅经济合作带”中的战略定位。推动当地经济发展的同时，还能协同推进“环喜马拉雅经济合作带”的建设。

7.2.2 完善西部省份区域合作规划的顶层设计

完善西部省份区域合作规划的顶层设计布局各省协调发展。目前来看，西藏由于经济实力较弱，需要更好地联动四川、青海等地协同发展。四川、青海两省在共同面向南亚发展方面还有待完善。未来三省（市、自治区）可优势互补，打破行政边界限制，以西藏为主体，共同研商西部省份区域合作的机制框架，依托交通联动促进三省沿线城市分工协作和生产要素的充分自由流动，以增强区域开放发展的协调性。三省（市、自治区）可签署南亚开放合作机制的框架协议，推进中尼铁路建设、南亚跨境物流体系建设等领域为区域经济发展办实事，可举办南亚开放圆桌论坛（或者发展论坛）。联合四川、青海、广东、甘肃等省的班列沿线城市，邀请尼泊尔、不丹等南亚国家相关人员联合召开圆桌会议，共商南亚建设和企业合作事宜。

7.3 夯实基础设施互联互通

7.3.1 加大航空连通度

统筹铁路、公路、水运、民航、邮政等多种运输方式，首要加大航空联通度。跨喜马拉雅立体互联互通网络重要组成部分就包括航空联通，但相较于陆路和班轮运输来看，由于运输成本较高，航空运输在南亚贸易往来中的贡献力度还是较弱的。我们可以看到，中国与南亚国家特别是与印度、尼泊尔、不丹等国家的边界地势崎岖，想要建设铁路、公路运输难度一直巨大、耗时太长。因此航运的优势就凸显出来，随着人民消费水平提高和电商网络的发展，中国与南亚国家的大量生鲜产品等都可以通过航空运输往来，为双边企业带来合作机遇，为两国消费者提供更多选择，市场前景非常巨大。现在成都、拉萨均已开通加德满都的直达航班，未来将联合多家民用航空公司共同参与中国与南亚国家航线开发可行度的研究。还要继续加强陆路交通基础设施互联互通，继续加大中国支援南亚国家建设基础设施项目，包括轨道交通、铁路、公路、航站楼等。南亚国家均为发展中国家，经济水平偏低，货物运输仍然主要依靠公路、铁路、班轮等海陆交通基础设施运输。逐步完善中国与南亚国家打造南亚交通立体网络建设，可通过工程承包、国家间联合开发等方式加强海陆联通。

7.3.2 重点推进中尼铁路项目的建设

交通建设工作的首要重点应放在中尼铁路项目的建设上。中尼铁路可分为国内的日喀则至吉隆口岸的铁路建设以及中国吉隆口岸至加德满都的跨境铁路建设。中尼铁路日喀则至吉隆口岸段位于西藏南部地区，项目建设对提高西藏边境保障能力，促进西藏对外开放及西藏与内陆的联系，构建西藏骨干运输通道具有重要意义。线路位于印度板块与欧亚板块内，沿线经过地区地形地质条件较复杂。2019 年 12 月，中国国铁集团发布了《中尼铁路日喀则至吉隆口岸段勘察设计项目》。2022 年 8 月，时任国务委员兼外交部长王毅同尼泊尔外交部长卡德加举行会谈时，进一步明确中方将使用对尼泊尔援款支持中尼跨境铁路可行性研究，并将派专家赴尼泊尔开展踏勘。

改善中尼基础设施互联互通有利于助推尼泊尔当地经济的发展。在中国吉隆口岸至加德满都的跨境铁路建设项目上，双方就项目建设实施的可行性已开展多轮实地勘察。2017 年 11 月以中国国家铁路局为主的中方代表团和尼方人员一起走访中尼边境城市吉隆、尼泊尔第二大城市博卡拉、距加德满都 360 千米的蓝毗尼等地，对加德满都—吉隆与加德满都—博卡拉—蓝毗尼的铁路进行基础性研究。未来应加快其建设进展，尽早实现中尼两国的连通性，加速改变双边地区的整体发展面貌。

7.3.3 开通北向公铁联运通道

规划开通甘肃兰州—日喀则—加德满都的北向公铁联运通道。目前已开通从广东—西藏—尼泊尔公铁联运通道。以广州为起点站，途经成渝、青藏铁路到拉萨终点站的粤尼班列，全程 5200 千米、历时 86 小时。到拉萨后由汽车转装运输，从吉隆口岸出境，历程 870 千米，最终抵达加德满都。

目前，还没有一条连接中国内陆北部地区至南亚市场（辐射印度、孟加拉国、巴基斯坦等国家）的通道，已开通甘肃兰州至拉萨的火车，中国北部的货流和旅客流经甘肃至拉萨后换乘汽车，从吉隆口岸出境，历程 870 千米，最终抵达加德满都。甘肃兰州至尼泊尔全程 3020 千米左右，未来修通中尼铁路后，运输时间会进一步缩短，北线运输时长要远远短于南线（耗时 3.7 天）。因此，未来可根据需要开通北线联通中国与南亚市场的国际多式联运班列。更有利于以西藏为节点，推动中国内陆北部城市区域的经济发展。

7.4 完善跨境物流合作体系

7.4.1 打造跨境物流综合服务平台

打造川青藏三省综合跨境物流综合服务平台。针对川青藏三省商品进出口贸易及跨境电商所涉及的国际物流服务，整合三省国际运输、跨境仓储等资源要素，建立跨境运输和仓储的对接与交易平台，并在平台上进一步整合三地的市场营销、科技研发、报关报检、电子商务、信息技术等专业服务商，共同构建完善的跨境物流综合服务体系。

加快川青藏三省保税物流中心申报建设和中心内部基础设施的建设完善。截至2021年，四川已获批综合保税区6个，成都占3个：成都高新综合保税区、成都高新西园综合保税区、成都国际铁路港综合保税区。成都高新综合保税区为落户四川的首个综合保税区，2021年，四川省综合保税区实现进出口值为6189.2亿元，占同期全省外贸进出口值的65.1%。2019年12月20日，国务院批准设立青海西宁综保区，这是青藏高原获批的第一个海关特殊监管区，并于2021年12月20日通过国家正式验收。西宁综合保税区将重点发展涉及新材料、藏毯绒纺、高原动植物精深加工、现代物流、新型服务业五大产业，现已初步确定智能电器设备制造、半导体碳化硅材料、精密铜杆加工、牦牛骨分子肽提取、保健品出口加工、电子商务等13个项目入驻。已投入建成的西藏拉萨综保区在2020年引入8个项目和开工的5个项目①，包含了发制品进料加工、农机具组装出口、民族手工艺品生产出口、跨境电商等9类行业，推动西藏进一步对外开放。

推进川青藏三省的一体化口岸通关服务。进一步深化四川、青海和西藏通关一体化改革，科学配置海关作业环节、优化海关管理模式、提升海关管理效能，加强监督监控，逐项落实压缩货物通关时间等各项政策措施。推进无纸化通关、电子支付、查检合一、“一地注册、多地报关”等措施的进一步落实。建立电子口岸管理体制，促进税管中心、海关、商业银行、国库等部门的信息互通共享。

---

① 人民网．拉萨综合保税区与8家招商引资重点企业集中签约［EB/OL］．http：//xz. people. com. cn/n2/2020/1022/c138901-34366474. html［2020-11-10］．

7.4.2 推进吉隆边境经济合作区建设

从贸易体量上看，目前西藏进出口总量还不具备建自贸区的贸易额体量。但由于西藏面向南亚的战略地理位置十分重要，因此现阶段应继续推进吉隆边境经济合作区建设。继续深化西藏吉隆、樟木国际边贸口岸建设，目前吉隆国际开放口岸可先从中尼跨境经济合作区发展，为建中尼自贸区打下坚实基础。这些边贸口岸将依托与尼泊尔的深度合作，通过中尼铁路的修建建立起跨境物流体系，实现中尼双方基础设施互联互通。中尼两国在 2016 年签署了一项过境运输协定，其议定书已经定稿。中尼两国还签署了能源合作协议和发展跨境经济区的协议，以加强中尼双方在经贸、人文、宗教、旅游等方面合作，重点发展旅游休闲、文化科教和基础设施建设等产业，实现以深化区域合作为导向、“互惠型”的制度设计创新。

7.4.3 建设跨境电商共享平台

建设跨境电子商务业务协作平台和数据共享电子商务平台基于中国与南亚国家签署的备忘录以及合作机制，各国引导本国企业入驻电商平台，通过信息化操作将产品和服务呈现在平台上。通过数据共享电子商务平台，降低电子商务企业的信息搜寻成本，帮助消费者更全面地了解供给方，帮助企业又好又快地决策。既有利于川青藏三省以及南亚国家的产品出口，也有利于带动南亚大通道沿线区域的经济发展，更可以极大地丰富合作区域居民的消费结构和消费内容。2022 年 11 月，拉萨获批国家跨境电商综合试验区，填补了西藏没有跨境电子商务综合试验区的空白。

未来，西藏或将成为我国对南亚国家开放合作的“桥头堡”。以交通、能源、信息等硬基础设施建设互联互通开创人文等软基础设施互联互通，加强双方多层次、多领域、高效率的贸易合作。南亚大通道建设打通了陆上丝绸之路经济带与海上丝绸之路，将中国与南亚国家紧密联系在一起，通过南亚大通道和“跨喜马拉雅立体互联互通网络建设”，我国西南省份（以西藏为建设区位节点）与南亚国家之间的基础建设将迈向新台阶。

7.4.4 加强配套体系建设

加强交通和金融服务配套体系建设，是加快基础设施互联互通的核心部分。以国家公路、铁路交通网为主线，西藏的公路、铁路以及航空交通网络为支线，形成中国与南亚国家跨境物流通道的主体框架系统，将成为环喜马拉雅经济带的新通道和推动整个中尼印经济联动的助推器。加大“环喜马拉雅经济合作带”的基础设施建设力度，政府可以鼓励国内建立多条国际铁路货运班列，加强中国与南亚国家的运输服务贸易往来。同时，基础设施投资资金需求量非常大，因此双边政府应当鼓励实现金融双向的开放，实现国际多边金融机构、专项基金平台等对“一带一路”倡议项目和服务的金融支持，实现跨境投融资、跨境结算、贸易金融等产品和服务创新，助力中国与南亚国家更好地融入共建“一带一路”的建设中。

7.4.5 鼓励民间交流为主

鼓励民间交流，以“香客外交”“学者外交”为主要方式。目前中国与孟巴印缅等南亚国家由高层政府间主导的各种经济合作机制和政策是较多的，但中国与孟巴印缅等南亚国家的经济合作却“推而不动”，进程比较缓慢。鉴于中国与南亚国家间存在的不利因素，我们认为目前应当考虑以民间交流为主体，鼓励更多的企业和民间力量参与“环喜马拉雅经济合作带”建设。

（1）民间力量实现“香客外交”。可建立更加自由灵活的民间交流平台和机制，通过双方国家商会的力量，利用现有边贸口岸提供的平台机制，实现双边企业在特色产品的进出口贸易需求。双边丰富的自然景观和人文景观可让双边国家优势互补，共同规划一个集旅游、购物、娱乐、餐饮居住为一体的精品跨境旅游线路（区），推动开发两国高端文化旅游产品，大力推动宗教、民间艺术、餐饮、建筑等非传统领域的文化交流，提升两国人民相互间的好感度、欢迎度、互信度，提升民间交往的活力和内涵，夯实人文交流根基。

（2）各级各类学校通过教育、培训实现“学者外交”。以志愿者、支教等民间形式实现教育文化援助，实现对南亚国家在教育、医疗等民生项目上的“分层”交流与援助。

7.5 构建中国面向南亚自贸区

7.5.1 构建中尼自贸区作为发展主阵地

西藏毗邻印度、尼泊尔等南亚诸多国家，陆路边境线长达4000多千米，是联系内外的重要枢纽，也是中国与南亚国家交往的重要门户，被纳入了国家“一带一路”倡议。经过多年的发展，目前西藏的经济实现了前所未有的飞跃。中尼自贸区建设有利于进一步扩大双方贸易和投资往来，将为两国经贸关系注入新活力，西藏这一我国面向南亚的重要门户枢纽也将迎来更大的发展空间。继续深化西藏吉隆、樟木国际边贸口岸建设，目前吉隆国际开放口岸可先从中尼跨境经济合作区发展，为建立中尼自贸区打下坚实基础。根据当前国际经济形势，其首要目标是加快推进构建中尼自贸区，中尼自贸区的规划最终为了能够切实推进中印尼自贸区的建设，即建设中印尼自贸区是中尼自贸区发展的未来愿景。

7.5.2 壮大中尼自贸区经济体量

联合川青藏地区构建次区域经济合作带壮大中尼自贸区经济体量。西藏对外贸易体量不够，仅凭一省之力无法真正打开南亚市场，需要后方经济体的支撑。而不同省区在南亚战略上有趋同点，为避免各省区各自为战，发挥整体优势，发展壮大中尼自贸区经济体量，建议西藏能够联合四川、青海等相关部门从次区域经济合作带的角度共建中国与南亚互联互通、对外开放与合作。具体做法：①三省（市、自治区）可签署中尼自贸区合作机制的框架协议，推进中尼铁路建设、南亚跨境物流体系建设等领域为西藏办实事。②举办中尼自贸区圆桌论坛（或者发展论坛）。联合四川、青海、广东、甘肃等省的班列沿线城市，邀请尼泊尔、不丹等南亚国家相关人员联合召开圆桌会议，共商中尼自贸区建设和企业合作事宜。③利用中国西藏——尼泊尔经贸洽谈会协助企业对接洽谈（含产品、标准展示）双多边合作机制，并能够入驻中尼自贸园区。④充分利用中国与印度、尼泊尔举行“2+1 新型对话机制”，充分认可印度在南亚的特殊地位，让印度参与进来共建中印尼自贸区，加强南亚区域内互联互通。

7.5.3 吸引对尼投资企业入驻

吸引对尼投资企业（特别是基建项目）入驻作为构建中尼自贸区的实体内容。基础设施互联互通仍是首要任务。以自贸区相关优惠政策吸引实际对尼投资（可拟定最低对尼投资额为入驻标准）的企业入驻中尼自贸区，将中尼自贸区做实。2018 年吉隆口岸已进驻 26 家商贸公司、7 家报关公司、7 家物流公司和 2 家金融机构。吉隆口岸签约招商引资项目 4.6 亿元，完成招商引资 3.6 亿元。目前，“尼泊尔迫切需要完善饮用水安全及供电系统问题，这为中国相关企业投资尼泊尔提供了契机”①。

完善中尼自贸区金融保障也至关重要。2014 年 12 月，中尼双方签署了《中国人民银行和尼泊尔国家银行双边结算与合作协议补充协议》。根据补充协议，

① 中华人民共和国商务部．尼泊尔希望吸引中国投资［EB/OL］．http：//trb.mofcom.gov.cn/article/zuixindt/201702/20170202518526.shtml［2020-11-10］．

中尼两国人民币结算将从边境贸易扩大到一般贸易，并扩大地域范围。此外，根据该协议尼泊尔央行允许尼泊尔当地各银行及金融结构在中国境内开立人民币账户并使用人民币作为业务清算货币。吸引国内金融机构入驻中尼自贸区，为入驻企业对尼泊尔项目提供一定贷款，银行对不同类别账户进行账户分离。未来设立中尼自贸区金融开放需审慎，有条件下逐步开放；未来是否允许除人民币以外货币结算还需进一步探讨（涉及外汇制度制定）；建议中尼自贸区人民币资本项目暂不开放。暂不开放区内机构和个人进行境外期货等金融投资，以防止人民币大量外流；对自贸区内开设南亚人民币离岸金融市场进行充分论证；创造更多的人民币投资产品，吸引南亚国家境外人民币资本回流，进而实现人民币国际化的最终目标。

7.5.4 建立“互惠”性自贸区制度

建立“互惠”性自贸区制度作为构建自贸区的核心内容。为了建好中尼自贸区，可走访上海、深圳前海蛇口等自贸区，深度学习其国际高标准投资贸易规则试点方案，实现“互惠型”的制度设计创新。具体措施：①制定适合西藏自治区特殊经济政治环境下的国际投资贸易规则、简短版《负面清单》、外商投资国家安全审查3个试点方案。②针对未来中尼自贸区对尼泊尔贸易的产品属性，可实施不同的监管模式。比如农产品、生鲜、冷冻肉等产品可借鉴深圳蛇口自贸区的“前店后仓”监管模式，大大降低了入驻企业的运营成本。③建立严格且便利的通关制度。实施零关税政策，尽量减少双边贸易壁垒。简化通关制度和手续，极力促成中尼双方各类型贸易活动。④在税收优惠政策方面，尽量建立便捷的纳税、退税机制和渠道，满足入驻条件的企业可实施赋税减免。⑤自贸区内可另辟区域设立免税店区，吸引来自世界各国的游客前来旅游，重点发展中尼双方宗教旅游等方面的合作，发展旅游休闲产业，扩大两地内需，带动西藏和尼泊尔的旅游产业发展。

参考文献

［1］ Francois J. and Manchin M. Institutions, infrastructure and trade［J］. World Development, 2013（46）: 165-175.

［2］ Habib Haj-Salem. Ramp metering impact on urban corridor traffic: Field results. 1995, 29（4）: 303-319.

［3］ 柴伊萌．浅析青藏铁路的通车与南亚大通道的构建［J］．时代经贸（下旬刊），2007（12）：126+128.

［4］ 陈继东．对中国参与南亚区域合作相关问题的思考［J］．南亚研究季刊，2012（1）：52-55+5.

［5］ 陈继东．南亚地区内贸易发展：潜力、挑战与中国的作用［J］．南亚研究季刊，2009（3）：69-74+6.

［6］ 陈继东．西藏建设南亚贸易通道问题［J］．西藏研究，2004（2）：14-20.

［7］ 陈继东．印度对华政策与中印关系发展对西藏开拓南亚市场的影响［J］．国际观察，2003（1）：25-27.

［8］ 陈利君．建设中国面向南亚物流基地的构想［J］．云南社会科学，2008（5）：111-116.

[9] 戴永红，秦永红，彭念．四川—西藏与南亚国家次区域合作探析［J］．四川大学学报（哲学社会科学版），2011（5）：103-110.

[10] 德吉央宗．西藏融入国家“一带一路”战略建设面向南亚大通道基本思路研究［J］．西藏大学学报（社会科学版），2017，32（2）：138-143.

[11] 杜莉，张红娟．在科学发展道路上开启新征程［N］．西藏日报，2011-06-04.

[12] 顾国爱．西藏地区发展“一带一路”的对策［J］．中国流通经济，2015，29（5）：113-118.

[13] 李青．历史视角下的向西开放与西南地区对南亚的通道建设［J］．区域经济评论，2015（4）：91-95.

[14] 李庆昌，张恩敏．国际快递物流行业服务评价体系研究——基于DANP方法［J］．物流科技，2016，39（1）：89-94.

[15] 李庆华，蒋刚亮．拉日铁路在南亚大通道建设中的区位优势与作用研究［J］．西藏大学学报（社会科学版），2017，32（2）：144-149.

[16] 李涛，王新有．中国西藏与南亚邻国间的边贸研究：现状、问题与前景［J］．南亚研究季刊，2011（2）：68-76+113-114.

[17] 李旭东，王耀球．跨境电商快递物流服务质量评价与实证研究——基于“一带一路”区域［J］．技术经济与管理研究，2018（6）：3-9.

[18] 梁烨，崔杰．“一带一路”倡议下物流绩效对我国贸易潜力的影响［J］．商业经济研究，2019（1）：94-97.

[19] 刘崇献，王晓颖．我国国际运输服务贸易的竞争力分析［J］．中国商贸，2014（22）：165-167.

[20] 刘洁．亚欧大陆桥物流通道发展理论和实证研究［D］．北京交通大学，2012.

[21] 刘同德．构想“南亚大陆桥”［J］．瞭望新闻周刊，2006（25）：64.

［22］刘同德．架设南亚大陆桥建设青藏国际大通道［J］．宏观经济研究，2006（10）：55-59.

［23］罗英杰，李飞．大国北极博弈与中国北极能源安全——兼论“冰上丝绸之路”推进路径［J］．国际安全研究，2020，38（2）：91-115+159.

［24］乔晓冰，吴力明．B2C 跨境电商物流服务质量评价体系构建［J］．中国集体经济，2020（10）：99-100.

［25］唐璐．乃堆拉山口开放后对中印缅孟区域合作的几点思考［J］．南亚研究季刊，2003（4）：6-11+79.

［26］唐小明．建设南亚大通道融入丝绸之路经济带格局下的西藏物流发展战略研究［J］．西藏科技，2015（10）：17-20.

［27］图登克珠，辛馨．跨喜马拉雅促友谊与南亚共筑新繁荣［N］．西藏日报（汉），2019-10-26（003）.

［28］王军．西藏去年实现外贸总值逾 47 亿元［N］．西藏日报（汉），2019-02-18（001）.

［29］王亮，黄德林．“一带一路”视域下环喜马拉雅经济合作带贸易自由化问题研究——基于 GTAP 模型的分析［J］．学术探索，2019（6）：53-60.

［30］王学海．西藏在建设“南亚大通道”中的地位和作用［J］．西藏民族大学学报（哲学社会科学版），2017，38（1）：23-29+154.

［31］文富德．国际金融危机后世界经济发展的特点及加强中印经贸合作的特殊意义［J］．东南亚南亚研究，2010（S1）：26-33.

［32］辛馨，李瑛．中印尼三国基础设施互联互通对贸易竞争力贡献性研究［J］．西藏大学学报（社会科学版），2020，35（3）：154-160.

［33］辛馨．西藏建设智慧物流体系研究［J］．现代农业研究，2018（11）：12-13.

［34］杨富．川藏滇南亚贸易战略比较研究［J］．经济研究导刊，2015

(21)：237-238.

［35］杨文武，易鑫．印度陆海交通基础设施对外互联互通的现状及问题［J］．南亚研究季刊，2020（2）：54-61+5.

［36］杨文武，赵肇伟．试论四川与南亚经贸合作机遇、挑战及对策［J］．南亚研究季刊，2008（4）：43-46+96.

［37］岳瑶，邓俊．南亚地区港口发展格局与特点分析［J］．交通企业管理，2019，34（6）：28-30.

［38］臧秀玲，朱逊敏．中巴经济走廊的战略价值及面临的挑战［J］．理论视野，2017（2）：72-76.

［39］曾绍龙，曾凯霖．西藏建设“一带一路”南亚大通道进展及深化研究［J］．国际贸易，2019（11）：74-81.

［40］章秀琴，余长婧．“一带一路”基础设施建设的贸易效应研究［J］．对外经济贸易大学学报，2019（1）：72-83.

［41］朱茜．B2C 跨境电子商务物流的服务评价与决策模型构建研究［J］．安徽广播电视大学学报，2020（2）：8-13.

附录一　南亚跨境物流体系评价的专家调查问卷

尊敬的先生/女士：

您好！感谢您在百忙之中参与此次问卷调查！您的答案将会对我们的研究产生很重要的价值，非常感谢您的参与！

本问卷是关于南亚跨境物流体系的评价问卷调查，旨在了解目前南亚跨境物流体系存在的问题。本问卷共分为四部分：运输部分、节点部分、运作部分和信息部分。

基本信息

职位：________________工龄：________________

第一部分：关于运输部分

1. 你所在公司业务是否涉及跨境贸易的物流运输业务？

A. 涉及　　　　　　　B. 不涉及

2. 您所在公司业务是否涉及南亚国家（包括印度、尼泊尔、巴基斯坦、孟加拉国、不丹、斯里兰卡、马尔代夫、阿富汗）跨境贸易物流运输业务？

A. 涉及（主要是指哪个国家：________________）

B. 不涉及

3. 在南亚跨境贸易物流中，公司主要是通过什么交通工具开展业务？（可多选）

A. 公路　　B. 铁路

C. 航空　　D. 海运

4. 一般在南亚跨境物流中平均物流运输时间（从离岸至到岸）是多久？

A. 7 天以内　　B. 7~10 天

C. 10~15 天　　D. 15 天以上

5. 物流公司在南亚国家报关时，申报的运输费用（包含装卸费等）占该货物总价值（即合同总价值，无论是 CIF 价还是 FOB 价）的比例为多少？

A. 20%以内　　B. 20%~40%

C. 40%~60%　　D. 60%~80%

6. 在南亚跨境物流中，货物离岸后主要面临的运输风险有哪些？（可多选）

A. 运输路途中造成的运输工具（车、船等）受损

B. 天气造成的事故风险

C. 运输中货物包装受损

D. 货物遗失风险

E. 其他________________（请填写）

7. 在南亚跨境物流中，货物从离岸到到岸时主要面临的其他风险有哪些？（可多选）

A. 对方国家政治经济发展重大变化引发的风险（导致项目失败、项目信用结构改变，以及项目债务偿还能力改变等）

B. 贸易管制风险（包括歧视性贸易政策）

C. 突发的汇率管制导致的结算、债务偿还等风险

D. 价格波动风险

E. 欺诈性风险（包括合同欺诈、贸易结算欺诈等）

F. 各种因素导致的无法按时到货的风险

G. 生鲜食品到货时的质量风险（如腐烂变质等）

H. 其他＿＿＿＿＿＿＿＿＿＿（请填写）

8. 在南亚跨境物流中是否会购买离岸保险？

A. 会　　　　　　　　B. 不会

第二部分：物流节点部分

9. 在跨境物流线路中运输时是否有他国通关的干扰？

A. 存在他国通关干扰　　B. 通关顺利，不存在他国干扰

10. 在您经常涉及的南亚国家跨境物流线路中，境内通关口岸有多少个？

A. 3 个以内　　　　　B. 3~5 个

C. 5~7 个　　　　　　D. 8 个以上

11. 在您经常涉及的南亚国家跨境物流线路中，境外通关口岸有多少个？

A. 5 个以内　　　　　B. 5~7 个

C. 7~9 个　　　　　　D. 10 个以上

12. 在您经常涉及的南亚国家跨境物流线路中，境内经过几次转运和分拨？

A. 2 次以内　　　　　B. 3~4 次

C. 5~7 次　　　　　　D. 8 次以上

13. 在您经常涉及的南亚国家跨境物流线路中，境外经过几次转运和分拨？

A. 2 次以内　　　　　B. 3~4 次

C. 5~7 次　　　　　　D. 8 次以上

14. 您认为，南亚国家跨境物流线路中所涉及的境内转运和分拨节点是否合理？

A. 不合理　　　　　　B. 比较合理

C. 合理　　　　　　　D. 非常合理

15. 在跨境物流线路中，与境外相比，境内转运和分拨节点的基础设施完备情况如何？

A. 境内比境外完备　　B. 境外比境内完备

C. 都比较完备　　　　D. 都不太完备

16. 在跨境物流线路中，境内通关口岸的手续办理是否便捷？

A. 不便捷　　　　　　B. 比较便捷

C. 便捷　　　　　　　D. 非常便捷

17. 在跨境物流线路中，境外通关口岸的手续办理是否便捷？

A. 不便捷　　　　　　B. 比较便捷

C. 便捷　　　　　　　D. 非常便捷

18. 在跨境物流线路中，境内节点物流系统的指挥和管理能力如何？

A. 不好　　　　　　　B. 比较好

C. 好　　　　　　　　D. 非常好

第三部分：物流运作部分

19. 在南亚跨境物流线路中，入境货物检验是否规范？

A. 不规范　　　　　　B. 比较规范

C. 规范　　　　　　　D. 非常规范

20. 在南亚国家跨境物流运输到达目的地时，货物完好情况如何？

A. 受损严重　　　　　B. 轻微受损　　　　　C. 货物完好

21. 在南亚国家跨境物流运输中，境外物流园区建设情况如何？

A. 园区建设欠缺　　　B. 园区建设基本成型

C. 园区建设已成规模　D. 园区建设已成完备体系

22. 在南亚国家跨境物流运输中，境外保税制度是否完善？

A. 不完善　　B. 比较完善

C. 完善　　D. 非常完善

23. 在南亚国家跨境物流运输中，周转中的临时仓储设施是否够用？

A. 不够用　　B. 够用

第四部分：物流信息部分

24. 在南亚国家跨境物流运输中，是否可以及时查询物流运输相关信息？

A. 延迟严重　　B. 延迟

C. 较为及时　　D. 非常及时

25. 在南亚国家跨境物流业务时，网络交易沟通是否便捷？

A. 不便捷　　B. 比较便捷　　C. 非常便捷

26. 在南亚国家网络信息服务方面，客户的需求、问题反馈是否可以及时了解？

A. 不及时　　B. 比较及时　　C. 非常及时

27. 在南亚国家跨境物流业务中，网络支付和结算是否普及？

A. 不普及　　B. 比较普及　　C. 非常普及

28. 在南亚国家跨境物流信息服务中，查询进出口单证是否方便？

A. 不方便　　B. 比较方便　　C. 非常方便

29. 在南亚国家跨境物流中，信息服务是否建立完备的市场行情公示平台？

A. 是　　B. 否

30. 关于南亚国家跨境物流体系，目前你认为综合评分处于哪个阶段？

A. 70 分以内　　B. 70~80 分

C. 80~90 分　　D. 90 分以上

附录二　问卷打分表

表 A　一级指标调查问卷

一级指标		打分（1~9 分）
完备性 A	可靠性 B	
	响应性 C	
	安全性 D	
	经济性 E	
可靠性 B	响应性 C	
	安全性 D	
	经济性 E	
响应性 C	安全性 D	
	经济性 E	
安全性 D	经济性 E	

表 B　二级指标调查问卷

二级指标		打分（1~9 分）
区域设施完善度 A1	作业装备完备性 A2	
	快递物品完好率 B1	
	跨境物流速度可靠性 B2	
	跨境物流网络便捷度 B3	
	通关效率 B4	

续表

二级指标		打分（1~9分）
区域设施完善度 A1	响应及时性 C1	
	区域服务便捷性 C2	
	跨境运输安全性 D1	
	物品准入安全性 D2	
	跨境运费结构 E1	
	跨境结算便利性 E2	
作业装备完备性 A2	快递物品完好率 B1	
	跨境物流速度可靠性 B2	
	跨境物流网络便捷度 B3	
	通关效率 B4	
	响应及时性 C1	
	区域服务便捷性 C2	
	跨境运输安全性 D1	
	物品准入安全性 D2	
	跨境运费结构 E1	
	跨境结算便利性 E2	
快递物品完好率 B1	跨境物流速度可靠性 B2	
	跨境物流网络便捷度 B3	
	通关效率 B4	
	响应及时性 C1	
	区域服务便捷性 C2	
	跨境运输安全性 D1	
	物品准入安全性 D2	
	跨境运费结构 E1	
	跨境结算便利性 E2	
跨境物流速度可靠性 B2	跨境物流网络便捷度 B3	
	通关效率 B4	
	响应及时性 C1	
	区域服务便捷性 C2	
	跨境运输安全性 D1	
	物品准入安全性 D2	

续表

二级指标		打分（1~9分）
跨境物流速度可靠性 B2	跨境运费结构 E1	
	跨境结算便利性 E2	
跨境物流网络便捷度 B3	通关效率 B4	
	响应及时性 C1	
	区域服务便捷性 C2	
	跨境运输安全性 D1	
	物品准入安全性 D2	
	跨境运费结构 E1	
	跨境结算便利性 E2	
通关效率 B4	响应及时性 C1	
	区域服务便捷性 C2	
	跨境运输安全性 D1	
	物品准入安全性 D2	
	跨境运费结构 E1	
	跨境结算便利性 E2	
响应及时性 C1	区域服务便捷性 C2	
	跨境运输安全性 D1	
	物品准入安全性 D2	
	跨境运费结构 E1	
	跨境结算便利性 E2	
区域服务便捷性 C2	跨境运输安全性 D1	
	物品准入安全性 D2	
	跨境运费结构 E1	
	跨境结算便利性 E2	
跨境运输安全性 D1	物品准入安全性 D2	
	跨境运费结构 E1	
	跨境结算便利性 E2	
物品准入安全性 D2	跨境运费结构 E1	
	跨境结算便利性 E2	
跨境运费结构 E1	跨境结算便利性 E2	

后　记

凡事念念不忘，必有回响。

15 年前，我硕士毕业后回到了第二故乡——西藏，进入西藏大学工作，就开始关注和研究“西藏作为面向南亚开放的大通道”主题内容。期间陆续发表了《西藏现代物流产业与区域经济增长的互动关系研究》《西藏物流产业发展特性探析》《中印尼三国基础设施互联互通对贸易竞争力贡献性研究》等文章，并一直默默耕耘着该主题的理论成果。十几年来，西藏自治区积极融入“一带一路”倡议，主动融入以国内大循环为主体、国内国际双循环相互促进的发展格局，充分发挥“一核、二轴、三区、四中心”物流产业发展格局作用，不断释放对南亚开放的国际物流枢纽潜力，成为中国对南亚开放的桥头堡。作为一直致力于促进西藏繁荣稳定发展的科研工作者之一，能看到故乡能有如此之大的变化，内心的澎湃与感慨溢于言表。

历经 10 年的思索与积累——《中国对外基础设施互联互通研究》终于成书。10 年来，在理论探索的指导下，笔者多次前往拉萨综合物流枢纽（拉萨综合保税区）、林芝综合物流园区、日喀则市物流产业集聚区（西藏南亚综合物流园区、拉孜物流集散中心、吉隆边境合作区邦兴物流园区）、山南物流园区、那曲综合物流园区、阿里地区物流配送中心、昌都经济开发区物流园区、格尔木藏青工业园物流枢纽，以及吉隆口岸、樟木口岸、亚东口岸、普兰口岸、日屋口岸进行实地调查，获取西藏面向南亚跨境物流建设资料。回想起我们的科研小分队冒着暴风雪前进、在悬崖边战战兢兢会车、就着热水啃着冷馒头、大雪里等待救援车、团队成员高原反应难受……，仿佛一切都还发生在昨天似的。但世界的回响袅袅传来，一叠一叠，一浪一浪，累计 300 余天的田野调查、100000 余公里的行程、5 万余字的调查记录等，都为本书的写作夯实了资料基础，进一步完善了“一带一路”倡议面向南亚开放的田野调查研究。

回望 10 年的研究过程，感谢西藏大学各位领导和同事的鼎力支持以及西藏民生研究中心的大力支持；感谢国家社会科学基金青年项目《跨境物流建设川青藏南亚基础设施互联互通与南亚大通道建设》和 2022 年西藏大学科研成果转移转化项目《一带一路建设与南亚国别和区域研究项目》的资助；感谢此书的合作者：徐爱燕教授和杨东林老师，我们仨既是工作的亲密战友，也是生活上的挚友，没有“三巨头”的一路磕盼，不会有此书的成型；感谢我的研究生们：李瑛、林琦、贺坚峰、杨慧佳、钟山、汤洋、王彦斌、牟必燕、罗涛的仔细校对和辛勤付出；还要感谢经济管理出版社和张巧梅编辑的辛苦付出，此书出版经历一波三折，看到 10 年心血得以出版，总算舒了一口气。

小荷初长成，始终心怀感恩！感谢山东大学的黄少安教授以及南京财经大学的曹宝明教授，天涯海角有时尽，唯师恩无穷期；感谢北京外国语大学的杨丹教授，您对我影响高远，志存馨香；感谢中国人民政治协商会议西藏自治区委员会的图登克珠委员，您一直是我的伯乐，与您每一次交流都会让我看得更广更远；感谢西藏大学的赵栋材院长，您的到来让我对未来发展有了更好规划；感谢西藏大学的久毛措教授，我心目中永远的女神；感谢西南财经大学的杨帆教授的相助相伴，时常让我感动。

中国式现代化发展道路不仅是中国特色社会主义现代化的发展实践探索，更是共建人类命运共同体的基础。如今越来越多的国家参与到“一带一路”倡议中来，基础设施互联互通拉近了彼此间的时空距离，全球热衷于发展的人民，通过共同谋划与相互合作实现互利共赢。作为一名科研工作者，也将继续锚定社会经济高质量发展的科学研究，服务于国家战略、地方规划，不盲目跟风，不为热点而研究、为焦点而调查，始终坚持着“板凳要坐十年冷，文章不写半句空”。亦如鲁迅所说，“其实地上本没有路，走的人多了，也便成了路”！

最后，我将这本书献给我们的宝贝蒋言、胡曦文和胡曦月。如今你们正孜孜不倦攀登在自己的人生道路上，不要因难而放弃，更不要因未知而心生恐惧，你们每一次的皱眉与掉眼泪都会绽放出一朵花，成就你们的梦想与未来。

加油吧！少年们，你们就是路前方的光与希望！

辛馨

2023 年 3 月